경영자가 알아야 할
문제해결의 모든것
아마존에서 배워라

CEO의 서재 · 25

Amazon's
Greatest Solutions

경영자가 알아야 할 문제해결의 모든것 아마존에서 배워라

지음 **사토 마사유키**
옮김 **황혜숙**

센시오

회사를 경영하는 동안 일어나는 골치 아픈 문제들, 아마존은 정말 다르게 해결한다

경영자는 매 순간 판단과 선택의 기로에 선다. 어떻게 하면 회사를 잘 꾸려갈 수 있을지, 어떻게 하면 직원을 잘 뽑을 수 있을지, 어떻게 하면 아이디어 싸움에서 경쟁사를 이길지 등 골치 아프고 맥이 빠지는 경험을 숱하게 한다.

제프 베조스가 설립한 세계 최고의 기업 아마존도 예외는 아니다. 기업을 경영할 때 부딪히는 수많은 문제가 아마존에도 분명 있다. 하지만 아마존은 정말 다르게 해결한다. 정상을 유지하면서도 끊임없이 변화를 추구하는 아마존.

"아마존이라면 회사에서 일어나는 모든 문제를 경쟁사들과 다르게 해결하지 않나요?"

많은 사람이 나에게 묻는다.

나는 아마존 재팬 설립에 참여했고 15년간 아마존에서 일했다. 그런 내가 아마존을 떠난 후에 새삼스럽게 아마존이 대단하다고 깨달은 점이 있다. 그것은 바로 '아마존이 모든 면에서 견고하다'라는 사실이다.

제프 베조스는 상상을 초월할 만큼 엄청난 규모로 사업을 구상해왔다. 그의 아이디어에 공감해 세계 각지에서 모여든 아마존의 인재들은 항상 '최적의 해답'을 찾으려고 한다.

물론 '아마존의 방법이 유일한 정답이다'라고 주장하는 것은 아니다. 하지만 회사의 골치 아픈 문제에 직면한 많은 경영자, 리더들에게 '아마존만의 문제해결법'이 좋은 처방전이 되지 않을까? 이것이 이 책을 쓰게 된 동기다.

"아마존은 '고객을 위해 무엇을 할 수 있을까?'만 생각하고 단순하게 사업을 추진합니다."

나는 늘 같은 대답을 한다. 뻔한 대답이지만, 아마존의 최대 강점은 고객을 위해 한번 정한 목표는 우직하게 끝까지 달성해내는 강인함에 있다. 아마존이라고 항상 누구도 생각하지 못한 참신한 아이디어를 차례차례 내는 것이 아니다. 누군가가 생각해낼지도 모르지만 아무도 실현하지 않았던 것을 하나하나 우직하게 실행함으로써 지금의 아마존이 있는 것이다.

또한, 아마존이 오랫동안 급성장할 수 있었던 이유는 '문제의 본질을 해결해야 한다'라는 사고방식에 따라 경영해왔기 때문이다. 기업을 경영하다 보면 수많은 문제를 만난다. 회사가 망하기 직전까지 가는 위기도 많다. 최고의 기업 아마존도 무수한 위기가 있었지만, 그때마다 문제의 본질을 파악하고 해결해왔다.

성장 속도가 빠른 기업일수록 본질적인 문제를 해결하지 못하면 파탄에 이르고 만다. 아마존 역시 수많은 문제와 위기를 해결하기 위해서 반드시 본질에 접근하는 사고와 행동을 해야 했다.

아마존에는 '거꾸로 생각한다'라는 사고방식이 뿌리 깊게 박혀 있다. 항상 '최종 목표는 어디인가? 그 목표에 도달하려면 지금 무엇을 해야 하나?'라는 관점에서 문제와 마주한다. 건물을 지을 때 기초를 확실히 다지지 않은 채 계속 짓기만 하면 언젠가 붕괴하고 말듯이 근본적인 문제를 해결하지 않고 주먹구구식으로 대처하면서 성장하다 보면 어느 순간 길을 잃게 된다.

● 문제의 본질을 파악하면
문제해결법도 뚜렷하게 드러난다

기업이 본질적인 문제를 해결하면 어떤 이득이 있을까? 그것은 '자신이 터득한 지혜를 상품화할 수 있다'라는 점이다.

예를 들면, 아마존이 계산대 없는 AI 편의점 '아마존 고Amazon Go'를 개발한 것은 편의점 안에 있는 제품을 팔려는 의도가 아니다. 혁신적인 플랫폼을 파는 것이다. '아마존 고'는 일손부족 현상 해결 외에도 절도를 방지하거나 억제시켰다. 슈퍼마켓이나 서점 등에서는 절도로 인한 손해가 큰 골칫거리였는데, 화상인식기술로 매장을 관리한 덕분에 손해를 대폭 줄일 수 있었다.

이처럼 아마존은 스스로 설비나 체제를 정비한 후에 그것을 플랫폼으로 만들어 판다. 문제의 본질을 파악하는 방법으로 비즈니스를 전개하고 계속 성장해온 것이다.

아마존만의 사고방식을 기업이 부딪히는 수많은 문제의 해결법으로 써보면 어떨까? 무거운 돌을 움직일 때처럼 처음에는 힘이 들지도 모르지만, 멈추지 않고 노력한다면 창조적이고 희망에 가득 찬 미래가 펼쳐질 것이다.

이 책은 아마존의 '문제해결'을 주제로 했음을 거듭 밝힌다. 기업을 경영할 때 필연적으로 발생하는 본질적인 문제를 마주하고, 어떻게 극복하면 좋을지 구체적으로 소개할 것이다. 이 책이 많은 경영자와 리더들에게 도움이 되기를 진심으로 바란다.

차례

3장 아마존이 문제를 해결하는 회의 방식

4장 아마존만의 인재 성장 시스템

Amazon's
GREATEST
SOLUTIONS

1장

아마존은 제일 먼저 직원의 업무방식을 개혁했다

책임범위가 명확하면
많은 문제가 자연스럽게 해결된다

누군가가 회사를 쉴 경우에 그 업무가 정지된다면? 업무방식 개혁으로 전보다 일이 더 힘들어졌다면? '인재를 기를 수 없다', '일 잘하는 사람을 채용할 수 없다' 등 이런 문제는 개별적이고 구체적인 것 같지만, '직무기술서'가 존재하지 않고 '업무분담'이 불분명한 데 그 원인이 있다. 내게는 '업무분담'이라는 말보다는 '책임범위'나 '직무권한'이라는 말이 훨씬 쉽게 와닿는다. 따라서 이 책에서는 '책임범위'라는 말을 사용하기로 하겠다.

아마존은 모든 직무의 책임범위가 명확하다. 구체적으로 어떻게 명문화돼 있는지는 아마존 재팬 웹사이트 안에 기재돼 있는 채용정보 페이지에 명시하고 있다.

예를 들어 발주업무를 하는 부서라면 '발주서를 만들어 거래처에 보내고 의사소통을 통해 납기관리를 하는 일'과 같은 식이다. 여기에 '신규 거래처 개발'이라고 쓰여 있지 않으면 그 사람은 신규 거래처를 개발할 필요가 없다. 다른 사람이 그 일을 맡을 것이다.

매니저와 한 단계 높은 직책인 시니어매니저의 책임범위 역시 다르다. 아마존에는 유명무실한 직함이 존재하지 않는다.

나아가 아마존은 직원 한 사람 한 사람의 성장을 추구한다. 작년과 같은 목표를 올해에 또 설정하는 것은 허용되지 않는다. 아마존에서 일하는 한 사람 한 사람이 성장해야 기업도 성장할 수 있기 때문이다.

하지만 보통의 직원들은 자신의 책임을 다하는 것에 초점을 맞추기 때문에 책임범위를 넘어서까지, 혹은 책임범위가 애매한 상태에서 무모하게 목표를 설정하지는 않는다. '목표와 책임범위는 명확히 정해져 있다. 하지만 어떻게 달성할 것인지는 각자 생각해보기 바란다'는 방식으로 목표가 설정돼야 인재가 성장할 수 있다.

Q1 업무가 고르게 배분되지 않아 일 처리가 어렵다면?

업무를 효과적으로 분배하는 문제해결법

누군가가 회사를 쉬는 순간, 전체 업무에 문제가 생기는 경우가 있다. 쉬는 사람이 지금까지 무엇을 어디까지 진행했는지 알 수 없다면 문제는 더 커진다. 다른 사람이 대신 업무를 처리하고 싶어도 할 수 없기 때문이다.

이런 상황을 '업무의 속인화' '업무의 항아리화'라고 한다. 이 속인화, 항아리화로 업무를 중복해서 하기도 한다. 'A 팀과 B 팀이 같은 회사에 영업을 시도했다', 'C 씨와 D 씨가 같은 명함을 데이터로 만들었다'와 같은 사례가 그 전형적인 예다.

어떻게 하면 이런 고민을 해결할 수 있을까? 책임범위를 명확히 하는 것이 그 해결책의 하나가 될 수 있다. 누군가가 쉬면 곤란한 일이 많이 일어나는 직장이라면 리더는 다음 세 가지를 체크해볼 필요가 있다.

① 각자가 진행하고 있는 업무내용을 파악한다.
② 업무내용을 재분배한다.
③ 누군가 쉴 경우, 누가 어떻게 대처할지 정해둔다.

이를 하나하나 자세히 살펴보기로 하자.

⦁ 개인의 업무를 떼어내서 책상 위에 모두 열거해보자

① 각자가 진행하고 있는 업무내용을 파악한다

각자가 현재 담당하고 있는 업무내용을 적은 메모를 팀원 모두에게 제출하게 해보자. 그 메모를 바탕으로 일대일 면접을 실시해 업무내용을 더 자세하게 물어보자. 'A사 방문'이라고 쓰여 있으면, 그것은 구체적으로 어떤 단계를 거치는지 적는다. 또한, 쓰레기 버리기나 자료정리 등 실제로 하고 있지만 메모에 적혀 있지 않은 업무는 없는지 물어본다.

상사가 영업 경험이 있다고 해서 부하의 업무를 다 안다고는 단정하지 말자. 베테랑이라고 해도 '나는 아무것도 모른다'라는 전제를 두고 부하에게 구체적인 과정을 물어보자.

자신의 팀이 어떤 업무를 하고 있는지 팀 리더가 완전히 파악하는 것이 중요하다. 개인에게 속해 있는 업무를 그 사람에게서 떼어내서 책상 위에 열거해본다는 느낌이다. 전체 업무를 가시화하고 분석해 보면 업무의 속인화, 항아리화에서 벗어날 수 있다.

② 업무내용을 재분배한다

업무 전체를 파악하면 어느 한 사람에게 업무가 과다하게 쏠려 있는 것을 발견하게 된다. 아무리 업무처리 능력이 뛰어난 직원이라고 해도 그 한 사람의 능력에만 팀이 의존하다 보면 전체 팀원의 실적과 동기부여는 낮아진다. 결과적으로 직원들이 회사를 그만두는 경우도 발생한다. 일부 업무의 담당을 바꾸는 노력 등으로 업무가 지나치게 많은 직원의 부담을 덜어줘야 한다. 대신 전원의 책임범위를 명확히 해준다.

③ 누군가가 쉴 경우, 누가 어떻게 대처할지 정해둔다

'OO 씨가 쉬었을 때, XX 때문에 굉장히 곤란했었다'는 사례를 팀원들로부터 최대한 모아보자. 그런 곤란한 일이 또다시 일어나지 않도록 문제가 발생했을 때 누가 어떻게 대처할지를 미리 정해 그 내용을 멤버 전원과 공유해보자.

물론 아무리 노력해도 완벽하게 당사자를 대신하기는 불가능하다. 그냥 멤버의 업무에 지장이 없을 정도면 충분하다. 예를 들면 '내가 회사를 쉴 때 이 업무내용에 대해 동료인 이 사람이 판단하면 된다'는 정도면 충분하다. 이를 '권한이양'이라고 하며, 아마존에서 매우 중요시한다.

창업 당시의 '뭐든지 다 한다'는 방식을 그대로 유지하고 있지는 않은가?

회사 창업 초기에는 직원도 몇 명 안 되고, 그때그때 생각난 일은 닥치는 대로 하곤 한다. 그 일이 끝날 때까지 한다는 자세로 임하지 않으면 회사는 궤도에 오르지 않기 때문이다. 필자가 2018년 말에 시애틀에서 스타트업 기업을 몇 군데 방문했을 때, 일본의 벤처기업과는 비교가 안 될 정도로 그들은 엄청난 열정으로 장시간 업무를 이어가고 있었다. 그 업무방식을 부정하는 것은 결코 아니지만 시기에 따라 일하는 방식도 달라져야 한다.

업무가 속인화돼 있는 기업 대부분은 종업원의 규모가 바뀌는데도 창업 시의 '그때그때 닥치는 대로 한다'는 관습을 버리지 못하고 계속해서 그 업무방식을 고수한다. 간부들은 "우리가 젊었을 때는 일거리를 찾아서 뭐든지 했다"라고 말하거나 젊은 직원들이 의욕이 없다고 한탄하는 일이 많다.

현재의 방식으로 잘 돌아가면 모를까 업무에 지장을 초래하고 있다면, 리더가 개인에게서 업무를 떼어내서 팀으로 업무를 재배분하고 대처방안을 정해둬야 한다.

물론 팀원 사이에 업무를 재배분하는 것만으로 모든 것을 해결할 수 없을 때도 있다. 그럴 때는 사람, 사물, 돈 등의 자원 부족을 노력으로 만회하거나 동료들의 배려와 친절함에 의지할 게 아니라 부족한 자원을 조달해야 한다. 새로운 인재를 늘리고(사람), 일과 기자재를 도입하고(사물), 외부에 위탁하는 등(돈) 방법은 많다. 그러한 교섭을 하고 자원을 조달하는 것이 리더의 중요한 역할이다.

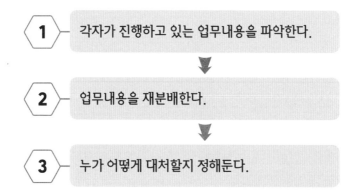

1 ─ 각자가 진행하고 있는 업무내용을 파악한다.

2 ─ 업무내용을 재분배한다.

3 ─ 누가 어떻게 대처할지 정해둔다.

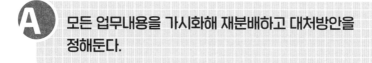

A 모든 업무내용을 가시화해 재분배하고 대처방안을 정해둔다.

Q2 업무방식을 바꿔서 일이 더 힘들어졌다면?

업무방식에 신기술을 도입하면 직원들이 정말 좋아할까? 내가 경험한 바로는 업무를 개혁했어도 "회사에 있는 시간이 줄어서 퇴근 후에도 일해야 한다", "휴일에도 스마트폰으로 거래처와 연락을 주고받는다"라는 소리를 주변에서 자주 듣는다.

업무방식의 개혁으로 야근에 대한 규제는 엄격해졌지만, 업무를 진행하는 방식이나 작업의 실태가 바뀌지 않으면 근본적인 해결책은 되지 않는다. 오히려 야근의 실체를 파악하지 못할 수도 있다.

야근은 회사에 남아 일하는 모습을 보여줄 수 있기 때문에 실체를 눈으로 확인할 수 있고 상사도 파악하기 수월하다. 하지만 집에 가서 일하게 되면 누가 어느 정도 일을 하고 있는지 전혀 파악할 수 없다. 이것은 단지 개혁의 역효과에 지나지 않는다.

'업무방식 개혁은 야근을 줄인다'라는 생각은 사실이 아니다. '꼭 필요한 업무를 우선으로 하고 있는가?', '불필요한 일을 하고 있지는 않은가?'를 재점검하는 것이 업무방식 개혁의 본래 목적이다.

없어도 되는 일은 과감히 버리고, 하지 않아도 되는 절차는 줄여 최상의 방식을 정해둔다. 여러 가지 창의적인 연구를 통해 업무시간 내에 일을 다 마치고, 퇴근 후의 시간을 자유롭게 즐기는 것이 진정한 개혁이다.

아무리 고민하고 창의적인 아이디어를 내도 도저히 제시간에 업무가 끝나지 않는다면 '과다업무'다. 이를 해소하기 위해 자원(사람, 사물, 돈)을 조달해 문제를 해결하는 수밖에 없다.

⦂ 자. 이제 지금까지 방대한 시간을 들였던 업무를 과감히 없애 보자

그렇다면 어디서부터 손을 대야 하나? 앞장에서 말한 것처럼 책임범위를 명확하게 할 것을 최우선으로 한다.

① 각자가 진행하고 있는 업무내용을 파악한다.
② 업무내용을 재분배한다.

이 두 가지를 실행한다.

보통 우수하고 유능한 사람에게 업무가 집중되기 쉽다. 성실하고 의욕에 넘치는 사람은 반드시 업무를 완수하려고 하기 때문이다. 리더는 우선 팀 전체의 업무내용을 파악하자. 그리고 업무가 치우쳐서 피폐해진 부하가 있다면 하지 않아도 되는 일은 덜어주자.

그런 다음에는 ③을 실행한다.

③ 누가 어떻게 대처할지 정해둔다.

특히 회의나 고객방문, 기획서 작성, 경비 처리 등 많은 시간을 할애하고 있는 업무부터 점검해보자. 부서나 업무에 따라 다르지만 방대한 시간을 투자하는 업무부터 점검하는 것이 가장 효과적이다. '이 일은 꼭 필요한가?'라고 근본적인 질문을 던져서 없애도 별로 곤란하지 않은 일이라면 과감히 덜어내자.

아마존에서는 메일링 리스트로 정보를 공유한다. 프로젝트가 일단락돼 사람들이 잘 열어보지 않는 메일링 리스트에 뉴스레터를 계속 보내는 부하가 있었다. 다른 부서의 상사에게 농땡이 부린다는 소리를 들을까 봐 뉴스레터를 매일 보내고 있었다. 그에게 "매일 뉴스레터 보내는 일을 그만두게. 중요한 일이 있을 때만 보내면 되지 않겠나"라고 말했다. 결과적으로 아무런 문제가 없었다. 고객을 위해 하는 일이 아니면 꼭 하지 않아도 될 업무일 가능성이 크다.

'그것은 정말 필요한가?'
라고 자문한다.

안 해도 곤란하지 않다면
과감히 그만둬라.

업무내용을 파악하고 재배분해서 지금까지 시간을
들이던 것을 그만둔다.

Q3 부하 직원이 성장하지 않고 정체된다면 무엇을 먼저?

업무에 적합한 인재를 육성하는 법

어느 날 기업의 중간 관리직에 있는 분이 한숨을 쉬며 "부하가 일일이 '다음은 무엇을 해야 하나요?'라고 물어요. 인재가 통 길러지지 않네요"라는 고민을 털어놓은 적이 있다.

그런 질문을 받으면 나는 다음과 같이 되묻는다.

"그 부하에게 무엇을 어디까지 하면 되는지 명확하게 전달하셨습니까?"
"그 부하에게 여기까지 권한을 주겠다고 전달하고 실행하고 있습니까?"
"그 부하가 목표로 삼은 다음 직위에는 어떤 경험이나 능력이 있어야 하는지 전달하셨는지요?"

이 같은 사항이 정해져 있지 않거나 정해져 있어도 전달되지 않았다면 유감스럽게도 그 부하는 성장할 수 없다. 직원이 성장하지 않는 것은 대부분 업무의 책임범위가 불분명한 것이 원인일 때가 많다.

조직마다 책임범위를 명확히 하고 성장 단계를 가시화한다

책임범위가 명확하면 부하에게 "지금 자네의 역할은 이 업무를 이 때까지 이 수준으로 마쳐야 한다"라고 지시할 수 있다. 일의 최종 목적과 마쳐야 할 시기를 명확하게 알면 부하도 자연스럽게 업무를 실행할 수 있다.

또한, 부하에게 권한을 위임하는 것도 중요하다. 일일이 "다음은 무엇을 하면 좋을까요?"라고 물어오는 것은 상사의 허락이 필요하다고 믿기 때문이다. "이 세 가지 단계를 스스로 진행하길 바라네. 그다음 단계로 가기 전에 내게 보고하면서 다음 방식의 중요한 사항을 같이 확인하자고"라는 식으로 '이 부분은 확인과 보고가 필요하지만, 이 부분은 당신에게 맡긴다'고 명확한 선을 긋는 것이 중요하다.

나아가 단계를 가시화해 두는 것도 중요하다. 무엇을 어떻게 분발해야 다음 단계로 가까이 갈 수 있는지 모른다면 부하는 어느 방향으로 노력해야 하는지 알 수 없다.

평사원에서 매니저로 승진할 때 벽에 부딪히는 직장인이 많다.

보통은 매니저가 되기 전 며칠에 걸쳐 매니저 연수를 받는다. '우수한 직원일수록 매니저가 되면 힘들어한다'라는 말을 자주 듣는다. 평사원이던 직원이 갑자기 매니저가 되면 해야 할 역할이 전혀 달라져서 당황하기 때문이다.

단기간의 매니저 연수가 전혀 의미 없다고는 할 수 없지만, 부하가 평사원일 때부터 '매니저로 승진하려면 이와 같은 경험과 능력이 필요하다'라는 말을 계속해서 인지시켜 주는 편이 매니저 연수보다 훨씬 효과적이다.

아마존에서는 앞서 언급한 바와 같이 모든 직무의 '책임범위'가 명확히 규정돼 있다. 업무의 성장 단계가 가시화돼 있다는 말과 같은 뜻이다. 업무의 책임범위가 머리에 뚜렷하게 그려지면 직원도 '매니저에서 제일 높은 시니어매니저가 되려면 이런 경험과 능력이 필요하겠군'하고 쉽게 이해할 수 있다.

또한 '지금 있는 부서에서가 아니라 다른 부서로 옮기는 편이 자신의 경험이나 능력을 살릴 수 있을 것 같다'라는 사실을 깨닫고 이동 신청을 하는 사람도 있다.

∙∙ '인재를 기를 수 없다'는 상사의 고민은 '부하를 기르려는 자세'가 문제일 수 있다

상사는 인재를 기르려고 하지 말고 '성장하는' 환경을 만들어야 한다. '부하가 스스로 성장해 나간다'라는 인식이 중요하다. 그래야 인재양성의 문제를 원만히 해결할 수 있지 않을까? 부하를 위한 시스템을 만드는 최대의 관건은 책임범위의 명확화다.

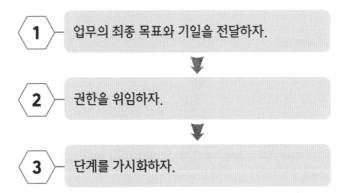

1 — 업무의 최종 목표와 기일을 전달하자.

2 — 권한을 위임하자.

3 — 단계를 가시화하자.

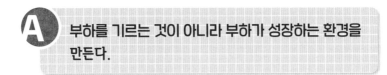

A 부하를 기르는 것이 아니라 부하가 성장하는 환경을 만든다.

Q4 왜 우리 회사에는
많은 인재가 지원하지 않을까?

인재 채용에서 생기는 문제해결법

"좋은 인재를 채용하고 싶은데 좀처럼 오지 않아요", "직원을 채용하려고 해도 아예 사람이 오질 않아요"라고 하소연만 하는 회사가 있다. 그런 회사들의 채용공고를 들여다 보면 '우리는 어떤 사람을 채용하고 싶습니다'라고 원하는 인재상을 구체적으로 표기하지 않은 경우가 많다.

• '좋은 사람'인지 아닌지는 요구하는
기술에 따라 달라진다

많은 기업의 인사담당자들이 "좋은 사람이 없다"라는 말을 자주 한

29

1장 아마존은 제일 먼저 직원의 업무방식을 해결했다

다. 그때마다 나는 "지금 뽑고자 하는 '좋은 사람'은 어떤 경험이나 능력을 갖춘 사람을 의미합니까?"라고 질문한다. 그에 따라 '좋은 사람'의 정의가 달라지기 때문이다.

아마존에서는 사람을 채용할 때 반드시 두 가지를 확인한다.

한 가지는 '지금 어느 부서에서 어떤 인재를 원하고 있는가? 이를 위해 어떤 업무 경험과 능력을 지닌 사람을 채용하길 원하는가?'다.

내가 오랫동안 몸담았던 오퍼레이션 부서를 예로 들어보자. 아마존의 오퍼레이션 매니저와 시니어 오퍼레이션 매니저는 채용 기준이 전혀 다르다. 왜냐하면 전자는 한 부서의 오퍼레이션을 관리하는 책임자이고 후자는 여러 부서를 관리하는 책임자이기 때문이다.

"그건 당연한 얘기 아닌가?"라고 말할 수 있는데 여기서 가장 중요한 점은 아마존은 직종에 상관없이 한 가지 공통된 채용방식을 적용한다는 점이다. 그것은 바로 '이 기술을 가진 사람이 꼭 필요하다. 그래서 채용한다'라는 채용방식이다. 절대로 막연하게 채용하지 않는다.

또 한 가지는 '리더십을 발휘해온 사람인가 아닌가?'다.

아마존이 추구하는 리더십이념은 'Our Leadership Principles', 생략해서 'OLP'라는 14개 항목으로 정리돼 있다.

아마존에서는 직원들이 스스로 '아마조니언'이라고 부른다. 직책이나 직종에 상관없이 모든 아마조니언에게 공통으로 요구되는 것이 리더십이다.

① '업무 경험과 능력'을 보고, 현재 인재가 원하는 부서에 딱 맞는지를 판단한다.

② '리더십'을 보고 아마존이라는 기업에 적합한지 판단한다.

● '이런 사람이 왔으면 좋겠다!'라는 메시지를 명확히 전달한다

'좋은 사람을 채용하지 못한다'라고 고민하는 기업은 우선 회사 안에서 ①과 ②를 모두 구체화하고, 그런 다음 채용공고에 ①을 명기할 것을 추천한다. 그리고 면접에서는 ①과 ②를 다 체크해본다.

이렇게 말하면 '그렇게 자세하게 적으면 우리 회사에 아무도 지원하지 않을 거야'라고 생각하는 사람도 있을 것이다. 하지만 정말 그럴까? 오히려 이쪽에서 내보내는 메시지가 애매하면 지원하는 사람이 채용공고를 읽어도 '내가 필요한 직장인지 아닌지' 판단할 수 없지 않을까?

인간에게는 '자신의 경험이나 능력을 충분히 발휘하고 싶다'라는 욕구가 있다. '아무나 상관없어'가 아니라 '이런 사람이 왔으면 해!'라는 열정이 담긴 메시지를 채용과정에서 강하게 구체적으로 전달해야 한다. 그러면 틀림없이 회사가 원하는 '좋은 사람'을 만날 수 있을 것이다.

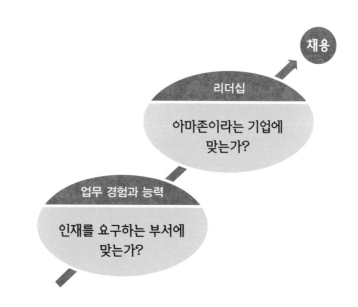

리더십

채용

아마존이라는 기업에
맞는가?

업무 경험과 능력

인재를 요구하는 부서에
맞는가?

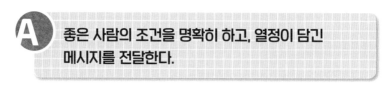

A 좋은 사람의 조건을 명확히 하고, 열정이 담긴
메시지를 전달한다.

아마존의 채용면접은
이렇게 다르다 _____

매니저처럼 사업 프로젝트 운영하는 주체가 되는 인재를 면접할 때, 2차 면접이 아마존 특유의 면접이다. 다른 부서의 매니저급 사람 등 최대 5명의 면접관과 40~45분 정도 일대일 면접을 한다. 하루에 다 못 끝내기 때문에 보통 2~3일에 나눠 이뤄진다. 2차 면접 후에 1차, 2차 면접관 전원이 모여 회의를 한다. 전원이 채용에 찬성하면 그 후보자는 채용된다. 면접 시 면접관들은 리더십이념을 갖춘 인물인지 아닌지를 확인한다. 학력 따위는 물어보지 않고 "당신은 지금까지 인생을 어떻게 살아오셨습니까?"라는 식의 단순한 질문을 한다.

2차 면접 면접관 중에는 반드시 '바레이저(Bar raiser, 기준치를 올리는 사람)'의 역할을 하는 사람이 한 명 있는 것도 큰 특징이다. 뜻 그대로 '높이 뛰기의 바(장대)를 높이는 사람'이라는 뜻인데 '이 사람이 아마존에 입사하면 아마존은 한층 더 성장할 수 있는가?'라는 다른 면접관보다 한 차원 높은 시점에서 면접에 임한다. 그래서 바레이저는 다른 면접관보다 채용 결정 시 더 큰 권한을 발휘할 수 있다.

Amazon's GREATEST SOLUTIONS

2장

아마존은 직원이 어떻게 목표를 달성해야 하는지 해결책을 제시했다

숫자로 명확한 목표를 제시하면
모든 게 공평해진다

'이 일을 하는 의미를 도통 모르겠다', '무엇을 달성해야 상사가 OK 사인을 주는지 모르겠다'부터 '아이디어가 잘 떠오르지 않는다', '업무의 소통보다 상대를 깎아내리는 분위기가 회사에 만연해 있다'와 같은 문제가 발생하는 이유는 업무의 목표를 수치로 명확하게 나타내지 않았기 때문이다.

아마존에서는 모든 행동을 '매트릭스'라고 부르는 숫자로 관리하는 시스템을 갖췄다. 매트릭스는 소위 '핵심성과지표KPI, Key Performance Indicator'를 말한다. 먼저 아마존 전체 조직이 목표로 하는 숫자가 있다. 그리고 이 목표 숫자는 하위조직으로 내려가면서 점점 세분화된다. 최종적으로는 '이번 주 오늘 이 시간, 이 창고의, 이 라인에서 목표로 하는 수치'까지 세분화돼 철저하게 관리한다.

이는 아마존 직원은 전 세계 어느 현장에 있든지 이번 주 목표를 숫자로 이해하고, 지난주 목표달성률도 숫자로 파악하고 있다는 뜻이다.

'숫자로 목표를 제시한다' 이것이 아마존이 가진 힘의 원동력이다.

숫자로 명확한 목표를 설정하면, 우선 '자신이 어떤 목표를 달성하면 회사에 공헌할 수 있을까?'가 굉장히 분명해진다. 목표가 없다고 고민할 필요도 없고, 업무의 우선순위도 스스로 정할 수 있다. 직원 전원이 설정된 목표를 향해 나아가기 때문에 목표를 달성하지 못하는 일도 현저하게 줄어든다.

또한 달성한 목표와 현상과의 차이도 숫자로 분명해질 때까지 'PDCA (Plan-Do-Check-Act, 계획-실행-평가-개선)' 사이클을 돌리게 된다. 목표와 현상의 차이를 메워야 한다는 책임감은 직원들의 훌륭한 아이디어를 낳는다.

의사소통 방식도 달라진다. 숫자로 나타낸 이해하기 쉬운 목표에 대해 '달성할 수 있었나? 하지 못했나?', '어떻게 하면 달성할 수 있을까?'에 초점을 맞춰서 이야기하기 때문에 애매한 지시나 인신공격 등도 사라진다.

'숫자는 냉정하다'라고 생각하는 사람이 있을지도 모르지만 실은 매우 공평하다.

지금 하는 일이 얼마나 중요한지 직원들이 모른다면?

업종이나 업계를 불문하고 모든 비즈니스는 $Y=F(x)$라는 함수에 대입할 수 있다.

Y는 상위 핵심목표지표(KGI, Key Goal Indicator, 예: 매상), x는 하위 핵심성과지표(KPI, Key Performance Indicator, 예: 매상을 좌우하는 요소)를 가리킨다. 예로 든 요소를 이 식에 대입시키면 '매상=F(매상을 좌우하는 요소)'라는 말이다.

x에는 고객 수, 상품단가, 매입가격, 인건비, 시설비, 광고비 등으로 기업이 연간 매상목표(Y)를 달성하려면 아래와 같다.

① 매상목표를 달성하도록 모든 현장에 수치목표(x)를 할당한다.
② 모든 현장이 수치목표(x)를 달성한다.

업무의 프로세스가 매우 간단하다. 부서나 직함을 불문하고 기업에 속하는 전 직원의 모든 행동이 x이며, x를 합산한 것이 Y다. 누구 하나 '나는 상관없다'고 말하는 사람은 없다.

다만 이렇게 말하면 반드시 두 가지 의견을 듣게 된다.

정해진 수치목표는 전원이 달성할 수 있는 것인가?

한 가지는 "그렇게 정해진 수치목표를 전원이 달성할 수 있으면 걱정이 없게요?"라는 푸념이다. 모두가 달성할 수 있는 합리적인 수치로 목표를 제시하지 않으면 '기적'을 바랄 수밖에 없다. 즉 'A와 B와 C의 현장은 수치목표를 달성하지 못했다. 하지만 D 현장만은 경이적인 목표를 달성했기 때문에 기적적으로 결산결과가 맞아떨어졌다'는 예가 그러하다.

하늘이 돕는 그런 기적이 몇 번이나 이어질 것이라고는 기대하기 힘들다. 어쩌다 과거에 기적적으로 대성공한 적이 있어서 '그 기적이여, 다시 한번!'이라는 식의 경영을 하는 곳도 있을 수 있다. 하지만 그나마 기적을 기대할 수 있는 회사나 부서가 과연 얼마나 될까. 그 현장의 사람들이 기적이 또다시 올 것을 기대하며 몸과 정신이 피폐해져 가는 것은 불을 보듯 뻔하지 않을까?

기적에 의지하는 것보다는 목표를 수치로 나눠 전원이 분담하고 전원이 달성하는 편이 훨씬 편하고 성공할 확률이 높을 것이다.

● 수치목표는 영업이나 마케팅의 전용물인가?

다른 한 가지는 "수치목표는 영업이나 마케팅 부서에서나 필요한 것이죠. 인사, 총무, 경리 등 비생산부문이나 관리부문은 수치목표를 설정할 수 없지 않은가요?"라는 의견이다. 그것은 큰 착각이다. 아마존에서는 실제로 생산과 상관없는 총무부, 경리부도 수치목표를 설정한다.

인사부의 예를 들어보자.

'인사부의 적극적인 중개로 인간관계를 회복하고 현재의 이직률을 10퍼센트 낮춘다', '인사관계의 문의에 대응하는 시간을 현재 상황에서 하루 이상 줄인다', '인사부가 제공하는 연수의 수강률을 현재 상황에서 20퍼센트 향상한다' 등으로 다양한 수치목표를 설정할 수 있다.

나는 아마존 재직 시 인사부에 "건강진단에 걸리는 시간을 단축해주길 바란다"라는 요청을 한 적이 있다. 건강진단을 받으려고 먼 곳에 있는 병원까지 가서 하루를 거의 다 소비하는 것이 효율적이지 않다고 느꼈기 때문이다. '건강검진의 질을 낮추지 않고 근처 병원에서 받을 수는 없을까, 몇 시간 만에 마칠 수 없을까?'라는 내 바람을 인사부가 실현해줬다. 몇 천명(당시)이나 되는 직원의 노동시간을 몇 시간이나 절약하는 매우 훌륭한 프로젝트였다.

하지만 수치목표를 세울 때 주의할 점이 있다. 그것은 뭐든지 다 숫자로 나타낼 수는 없다는 사실이다.

이 장의 첫머리에서도 언급한 대로 아마존에서는 모든 행동을 '매트릭스'라고 불리는 숫자로 관리하는 시스템을 갖추고 있다. 매트릭스는 이른바 핵심성과지표를 말한다. '이 지표가 목표달성에 있어서 대단히 중요한 열쇠를 쥐고 있다'라는 사실을 인식하고 그 지표를 수치화해서 철저하게 관리하고 있다.

내가 오랫동안 재직했던 오퍼레이션 부서는 입하 수와 출하 수가 중요하다. 부서에 따라 중요한 지표는 두세 개로 좁혀지고 시기나 연도, 성장률에 따라 중시되는 지표가 바뀌는 일도 있다.

일단 자신의 부서나 팀의 수치목표를 설정해본다

모든 현장에서 달성해야 할 목표가 수치화되는 사내풍토가 완성되면 '뭐가 뭔지 잘 모르겠지만 그냥 하는 일'이 급격히 줄어든다. 나아가야 할 방향이 명확해지면 인간은 방황하지 않고 전진할 수 있다. 그리고 지금 하는 일에 의미가 있는지, 지금의 방식은 효율적인지도 바로 판단할 수 있게 된다. '이 일에 도대체 무슨 의미가 있는 것일까?'라고 의문을 품는 일은 없어진다.

당신이 경영자나 회사 간부인데 이 장을 읽고 '그렇군'하고 이해했다면 바로 '회사 전체 목표를 분해해서 모든 현장에 수치목표를 제시한다'는 작업을 했으면 한다.

'나는 중간 관리직이라서 수치목표를 정하기 어렵다'고 생각해버리는 사람도 있을 수 있지만 절대 그렇지 않다. 연간 매상목표를 정하지 않는 기업은 아마 없을 것이다. 그 숫자를 기초로 우리의 부서, 우리 팀에 기대되는 역할을 숫자로 설정해보자.

'얼마의 매상을 올리는 것', '얼마의 경비를 삭감할 것'을 회사가 기대하고 있다고 생각하는가? 그 문제를 풀기 위한 열쇠가 되는 지표는 무엇이라고 생각하는가? 그것을 달성하기 위해 매달, 매주, 어떤 숫자를 달성하면 좋을까? 스스로 가설정해 부서나 팀원과 공유하고 동료에게 전달한다.

간단명료하고 상세하고 적절한 목표는 사람의 행동을 끌어낸다. 숫자는 결코 건조한 것이 아니다. 사람의 가능성을 일깨워주는 도구가 될 수 있다.

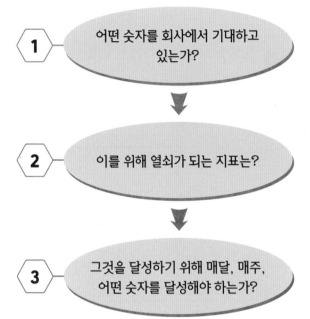

1 어떤 숫자를 회사에서 기대하고 있는가?

2 이를 위해 열쇠가 되는 지표는?

3 그것을 달성하기 위해 매달, 매주, 어떤 숫자를 달성해야 하는가?

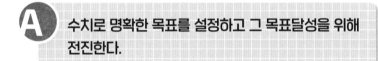

A 수치로 명확한 목표를 설정하고 그 목표달성을 위해 전진한다.

2장 아마존은 직원이 어떻게 목표를 달성해야 하는지 해결책을 제시했다

Q6 업무시간이 늘어져 효율이 떨어지고 있다면?

공동 목표가 없을 때 해결하는 법

"우리 회사는 일이 끝나지 않으면 절대 퇴근할 수 없어", "상사 눈치 때문에 오늘도 야근해야 해"라고 직원들의 푸념이 쏟아지는 회사가 우리 주위에는 여전히 많다. 앞서 이야기한 주제와 연장선의 문제라 볼 수 있다.

나는 아마존에서 일하기 전인 1994년 세가 엔터프라이시스(당시)에 신입사원으로 입사했다. 그 후 '세가 사토시'라는 가정용 게임기의 게임 소프트웨어의 발주와 납기의 관리를 해왔다. 일본 전역에 발주하는 모든 상품을 나 혼자서 도맡고 있었다. 그때그때 도와주는 사람도 있었지만 발주는 오로지 내 담당이었다.

발주서를 써서 클립으로 고정한 뒤 트레이에 올려놓으면 "발주를 해주세요"라는 푯말이 서는 장치를 만들기도 하면서 이리저리 연구를 많이 했다. '무조건 간단하고 원활하게 작업이 흘러가게 한다'라는 원칙을 추구했다. 그런데도 산더미처럼 밀려드는 작업에 파묻혀 지내는 일이 다반사였다. 이런 상태에서 상사는 부하의 무엇을 볼 수 있을까? '저 녀석은 바쁘게 일하고 있군' 그뿐이다. 얼마나 양질의 작업을 하고 있는지는 평가할 수 없으며, 발주지연이 일어나도 얼마나 늦어지고 있는지 판단할 수 없다.

● 담당만 정해져 있고
목표는 정해져 있지 않다

왜 이런 상황에 빠지는 것일까? 수치목표가 정해져 있지 않기 때문이다. "자네는 이 업무를 담당하게"라고만 정하고 나머지는 방치하는 것이다. "이번 주는 무엇을 어디까지 분발하는 것이 자네의 목표야. 만일 그 이상의 작업을 하면 그것은 과다업무니까 뭔가 대책을 마련해야 해"라는 사고방식이 존재하지 않는다.

당시의 세가는 일본기업으로서는 상당히 선진적인 기업이었다. 그런 세가조차 수치목표에 대한 이해가 부족하고, 수치목표의 올바른 사용방법이 정립돼 있지 않았다. 나는 그 후 다행히 아마존이라는 비교대상을 가질 수 있어서 이전의 내게는 '목표'가 주어지지 않았다는 사실을 깨달을 수 있었다. 하지만 안타깝게도 당시에는 나처럼 담당만 정해지고 나머지는 끝날 때까지 분발해야 하는 식으

45
2장 아마존은 직원이 어떻게 목표를 달성해야 하는지 해결책을 제시했다

로 업무를 주먹구구식으로 했던 사람도 많았다.

만일 중간 관리직의 입장에서 이 상황을 해결하려면, 목표를 수치화하는 것에서 출발할 수밖에 없다.

① 회사 전체의 목표를 기초로 자신의 부서나 팀에 기대되는 목표를 숫자로 가설정한다.
② 그 목표를 기초로 '이 숫자를 달성하면 평가받아 업무를 종료하고 싶다'는 말을 상사나 관계자에게 해둔다.
③ 그 숫자를 잘 달성하고 귀가한다.
④ 이리저리 연구해도 잘 안 될 때는 자원부족이라는 사실을 알리고, 자원이 얼마나 더 있으면 해결할 수 있을지 프레젠테이션한다.

위와 같은 과정을 밟는다. 이렇게 하면 자신과 부하를 과중한 업무에서 지킬 수 있다.

밤늦게까지 남아 있는 사람, 휴일에도 출근하는 사람이 열심히 일한다는 평가를 받는 시대는 이제 끝나가고 있다. 사고방식을 바꾸지 않으면 회사 그 자체가 사라질 것이다. 고정관념에 사로잡혀 아무 말도 하지 않는 회사의 분위기에 압도당하지 말고 이를 실천해 보면 어떨까?

| 1 | 수치목표를 가설정한다. |

| 2 | 목표를 기초로 교섭한다. |

아무리 연구해도
달성하지 못할 때는
자원부족

| 3 | 달성하고 귀가! |

 '여기까지 하면 집에 가야지'라는 목표를 숫자로
정해서 자신과 동료를 지킨다.

Q7 똑같은 실수가 되풀이되는 것을 방지하는 비결은?

'부하가 몇 번이나 똑같은 실수를 반복한다. 그렇게 되지 않도록 엄중히 경고했지만, 전혀 개선되지 않는다'고 고민하는 상사들이 있다. 이럴 때 나는 상대방에게 "수치목표는 정해져 있습니까?"라고 묻는다.

직장인들이 알고 있는 PDCA 사이클을 돌리는 것이 매우 중요하다. 아마존에서는 PDCA 사이클을 철저하게 실행함으로써 계속해서 개선을 추구하고 있다.

나는 "아마존에는 어떤 굉장한 시스템이 갖춰져 있습니까?"라는 질문을 많이 받는다. 그때마다 "특별한 시스템은 없어요. 다만 우직하게 끝까지 하는 회사예요"라고 대답해서 상대방을 실망시키곤 한다. 그러나 사실이 그러하다.

모든 현장에 수치목표가
제시돼 있는지 확인한다

다만 아마존의 굉장한 점은 다른 기업과는 비교가 안 되게 철저하다는 것이다. 어느 현장에서도 철저하게 PDCA 사이클을 돌린다. 어떻게 그것이 가능할까?

그것은 매트릭스인 핵심성과지표에 의해 '어느 현장에서도 수치목표가 분명'하고 '보다 높은 수치목표를 항상 추구'하고 있기 때문이다.

판매 부서, 서비스 부서, 오퍼레이션 부서, 홍보부, 인사부, 법무부 등의 모든 부서가 숫자로 목표가 설정돼 있다. 자신들이 달성해야 하는 수치목표가 명확하기에 목표와 현상의 차이가 한눈에 들어오고, 그 차이를 메우기 위한 개선책을 생각한다.

이해하기 쉬운 예를 들면, 전년도 같은 달의 출하목표치가 100만 개였던 창고가 있다고 치자. 그 목표치가 올해 같은 달에 110만 개로 올렸다고 하자. 그 10만 개의 상승은 전년도와 같은 방법으로는 달성할 수 없지만 연구하면 어떻게든 달성할 수 있을 것 같은 생각이 든다. 그래서 개선할 수 있다. 다음으로 제시되는 '목표가 열심히 하면 어떻게든 할 수 있을 것 같다고 느껴진다'는 점도 대단히 중요하다.

즉, 다음과 같은 원칙이다.

① 수치목표를 어느 현장에서든 정한다(P).

② 행동하고, 수치목표와 현재 상태의 차이를 인식한다(D, C).

③ 목표와 현재 상태의 차이를 메우는 개선책을 생각하고, 실행한다(A).

'당연한 얘기 아닌가?'라고 생각할지도 모른다. 하지만, 완벽하게 해내는 것이 핵심이다. 많은 기업 관계자들에게 물어보면 대부분 기업은 ①의 '수치목표를 모든 현장에 보여준다'조차 실현하지 못하고 있다. 관리직 등의 일부 임원만 숫자를 알고 있고, 현장 사람은 모른다면 대단히 안타까운 일이다.

또한 ③의 차이를 메우는 개선책을 생각한다는 습관도 익숙하지 않다. 목표와 현재 상태의 차이를 인식하는 데서 끝나지, '자, 다음은 어떻게 할 것인가?'라는 사고방식이 별로 없다.

아마존에서는 '리뷰Review'라고 부르는 검토 작업을 매우 중요시한다. PDCA의 C에 해당하는 부분이다. 각 현장의 목표치는 기본적으로 주 단위로 설정되는데, 주가 끝날 때마다 리뷰를 해서 다음 단계를 향해 어떻게 개선해야 할지를 철저히 분석한다. 이것이 PDCA의 A에 해당하는 부분이다.

크리스마스 시즌은 아마존에서 가장 바쁜 시기다. 새해가 되면 바로 '다음 크리스마스 시즌을 대비해 리뷰를 하자'고 열한 달 후의 크리스마스를 향한 개선책을 생각해낸다.

수치목표의 설정과 구체적인 개선책을 생각하는 습관이 반복되는 실패를 막고 업무의 질을 향상하는 결과를 가져온다.

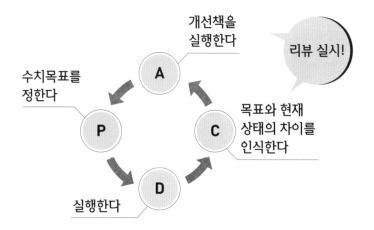

개선책을
실행한다

리뷰 실시!

수치목표를
정한다

A

P

C

목표와 현재
상태의 차이를
인식한다

D

실행한다

모든 현장에서 수치목표를 설정하고 개선책을
생각하는 기회를 정기적으로 가진다.

Q8 잘못을 지적하는 분위기로 본질이 흐려진다면?

질책하는 일이 많아질 때 문제해결법

"왜 그것밖에 못해?"하고 상사는 야단만 치고 좀처럼 부하를 칭찬하지 않는다. 일 못하는 부하가 아주 못마땅할 뿐이다. 반대로 부하는 욕만 하는 상사가 밉고, 구체적인 해법을 제시하지 않는 상사가 한심하다. 이런 직장은 이미 '지적하기 문화'만 팽배한 곳이다.

왜 잘못을 지적하고 받는 일이 일어나는 것일까? 이 또한 수치목표를 설정하지 않아서다. 설령 수치목표를 설정했더라도 상사와 부하가 그 숫자를 공유하지 않아서 일어나는 현상이다.

예를 들면, 부하가 상사로부터 갑자기 "왜 이렇게 일이 늦어!"라고 야단을 맞았다고 치자. "오늘 오후 3시까지 기획서를 작성해서 내게 보여주기 바라네. 3시부터 10분 안에 내용을 확인해보자고. 고쳐야 할 곳이 있으면 1시간 이내에 고치고, 오후 4시까지 완성한 것을 다섯 부 인쇄해줬으면 해"라고 말했는데, 오후 3시가 돼도 기획서를 가지고 오지 않으면 상사가 "왜 이렇게 늦어!"라고 말하는 것은 이해할 수 있다.

하지만 "기획서를 오늘 안에 올려보게"라고 말했다면 어떨까? 부하가 '오늘 중이라고 말해놓고선…'이라고 생각해도 어쩔 수 없다. 그래서 목표(부탁하고 싶은 수준)와 기한을 구체적인 숫사로 전달하고 공유하는 것이 매우 중요하다.

● 상사는 부하를 '쓸모없다'고 판단하고 비난하는 역할이 아니다

이상의 예는 누구나 공감하는 내용일 것이다. 그런데 상사는 목표를 알고 있지만, 부하는 목표를 모르는 직장이 의외로 매우 많지 않은가? 상사는 숫자를 알고 있기에 초조하지만, 그것을 모르는 부하는 느긋하게 자기 페이스로 일할 수밖에 없다. 그런 부하를 지켜보면서 상사는 혼자 초조해지는 위험에 빠질 수 있다. 이 경우 상사에게 '정보를 얻는 것이 직위의 권한'이라는 사고방식이 잠재해 있다. '이것은 부장이 아니면 모르는 정보', '이것은 과장이 아니면 알 수 없는 정보'와 같은 정보가 존재하는 것이다.

아마존에는 그런 사고방식이 없다. '정보에는 계급이 없다'는 사고방식을 가지고 있기 때문이다. 회사의 주가에 중대한 영향을 미치는 사실이나 특정 정보 이외의 것, 즉 업무를 실행하는데 필요한 정보는 메일링 리스트를 써서 관계자 모두에게 전달할 수 있게 돼 있다.

또한 아마존의 CEO인 제프 베조스는 자주 "아마존에서는 '왜 하는가?'라는 질문만큼 '왜 하지 않는가?'라는 질문이 중요하다"고 말했다. 이것은 지적하는 문화를 해소하는 데 매우 중요한 사고방식이다.

아마존에는 '이유 없는 지적하기'가 존재하지 않는다. 상사에게는 부하에게 '왜 하지 않는가?' 혹은 '왜 안 되나?'에 대해 논리적으로 이해하도록 설명하는 책임이 있기 때문이다. 아마존의 상사는 고쳐야 할 부분이 어디까지나 '목표와 현상의 차이'라고 생각한다. 부하의 능력이나 인격이 형편없다고 생각하지 않는다.

부하가 목표를 달성하지 못하는 것은 그 사람을 관리하는 상사가 형편없기 때문이다. 상사는 부하의 성공을 전면으로 지원하는 역할을 맡고 있다. 결코 "자네는 구제불능이야"라고 판단하거나 비난하는 역할이 아니다.

업무의 달성도를 측정하는 공통의 기준인 수치목표를 모든 현장에서 설정하고 전원이 공유함으로써 '야단치다, 칭찬하다'와 같은 인신공격 문제나 의사소통의 문제 등의 다양한 문제를 해결할 수 있다. 무엇보다 상사와 부하의 업무의 생산성이 극적으로 향상될 것이다.

1 목표와 기한을 숫자로 공유한다.

2 정보에 히에라르키(Hierarchie, 신분과 계급을 나누는 피라미드형의 체계 – 옮긴이)를 부여하지 않는다.

3 목표와 현재 상태의 차이를 메우는 개선책을 함께 생각한다.

 공통의 목표인 수치목표를 설정하고 전원이 공유한다.

2장 아마존은 직원이 어떻게 목표를 달성해야 하는지 해결책을 제시했다

Q9 업무 아이디어가 안 나와서 한탄만 하고 있다면?

참신한 아이디어를 내게 하는 법

'아무리 쥐어짜도 더 이상 끝내주는 아이디어가 나오질 않아', '아이디어를 내면 뭐해. 어차피 위에서 잘릴 텐데'처럼 아이디어에 연관된 고민은 어느 기업에서나 현재진행형이다.

　여기서는 '아이디어가 나오기 어렵다'라는 문제와 '아이디어를 시험해볼 기회가 없다'라는 두 가지 문제를 구별해서 다루고자 한다.

목표와 현재 상태의 차이가
새로운 아이디어를 낳는다

우선 아이디어가 생겨나기 어려운 문제부터 생각해보자. 해결의 열

56

쇠가 되는 한 가지는 '수치목표를 모든 현장에 제시한다'라는 것이다.

이 장에서 이미 여러 번 언급한 것처럼 모든 현장에서 수치목표를 설정하고 직원 전원이 공유해야 업무의 가시화가 이루어진다. 그래야 비로소 목표와 현재의 차이가 보이고 '그 차이를 메우기 위해 어떻게 하면 좋을까?' 고민하게 된다.

아이디어는 아무런 제약이 없는 백지 상태에서는 나오기 어렵다. 반대로 차이를 보여주고 어떻게 하면 좋을지 함께 생각해보자고 하면, 누구나 진지하게 생각하게 되고, 이를 바탕으로 훌륭한 아이디어가 나오는 법이다. 아이디어는 특정의 누군가에게 맡기는 것보다 아이디어가 나오는 환경을 조성하는 편이 좋다.

다만 아이디어를 낼 때에는 좋은 이념이 뒷받침돼야 한다는 사실을 명심해야 한다. 가령 목표와 현재 상태의 차이를 메우는 목적이 사장님 개인의 자산을 늘리는 것이라면 직원은 훌륭한 아이디어를 내려고 생각할까? 자세한 것은 뒤에서(제3장과 제5장 참조) 언급하겠지만, 아마존의 기업이념은 '고객의 만족도를 향상하는 것'이지, '개인의 자산을 늘리는 것'이 아니다. 목표와 현재 상태의 차이를 메울 때, '그것은 고객의 만족도를 향상하는 결과를 낳는가?'라는 점을 늘 명심해야 한다.

예를 들면 출하에 관한 훌륭한 경비절감 아이디어를 생각해냈다고 치자. 하지만 그 아이디어를 채용했을 때 고객의 손에 상품이 도착하는 시간이 지금보다 늦어진다면, 아마존에서는 절대로 그 아이디어를 채용하지 않는다. 목표와 현재 상태의 차이를 눈앞에 두고

'고객을 더 기쁘게 할 수 있는 아이디어는 없을까?'라고 전 직원이 생각하기 때문에 아마존의 어느 현장에서나 훌륭한 아이디어가 생겨나는 것이다.

● 성패를 판단하는 기간을 길게 잡아서 좋은 아이디어를 모으는 것도 방법이다

다음으로 아이디어를 시험해볼 기회가 없는 문제에 대해 생각해보자. 아마존 경영진에게는 '7년의 법칙'이라는 규칙이 존재한다. 하나의 사업을 시작하면 기본적으로 7년은 여러 가지 시행착오를 해본다는 것이다. 아마존은 긴 안목으로 사업을 생각하는 기업으로 유명하다.

모든 것에 이 법칙이 적용되는 것은 아니지만 이와 같은 기본 법칙이 존재한다. 이 법칙의 가장 큰 목적은 도전할 여지와 아이디어를 낳을 여지를 빼앗지 않는 것이다. 잘 안 되면 바로 물러나는 방법만으로는 예상치 못한 반짝이는 훌륭한 아이디어가 나오지 않는다.

아마존처럼 7년이라는 긴 시간을 두고 성패를 생각하는 것은 다른 기업 입장에서는 쉽지 않을 수도 있다. 그렇다면 작게 시도해보는 건 어떨까. 신규 프로젝트를 시작할 때 예산의 규모를 작게 시작해보자. 그 일의 성패를 판단하는 시간을 지금보다 길게 설정한다면 새로운 아이디어가 튀어나올 가능성이 높아질 수 있다.

예산이나
규모는
작게 시작

성패를 판단하는 기간은 길게 잡는다.

 좋은 이념으로 목표와 현재 상태의 차이를 메우려고
하면 좋은 아이디어가 생겨난다.

Q10 목표에 미달해도 개선하지 않는 분위기라면?

목표에 미달했을 때 문제해결법

'목표에 미달해도 어쩔 수 없지', '그냥 현상유지만 하면 돼' 이런 늘어지는 분위기가 만연한 회사라면 몇 가지 사항을 검증해보자.

① 모든 현장에서 수치목표를 제시하고 전원이 공유하고 있는가?

'자신이 담당하던 일은 끝날 때까지 책임을 지고 한다'라는 표현을 '목표'라고 부르는 곳도 있지만, '책임을 지고 한다', '전력을 다한다' 라는 식의 애매한 표현은 직장에서 추구해야 할 목표가 아니다.

② 목표로 하는 수치가 성취할 수 있는 것인가 아닌가?

전년도 같은 달, 죽기 살기로 달성한 매상이 있다고 치자. 같은 인원과 같은 영업 방식으로 "올해는 50퍼센트 상승을 목표로 하자"라고 하면 현장에서는 불가능하다는 목소리가 터져 나올 수 있다. 50퍼센트 상승이라는 목표로 '무리'라고 생각하게 만드는 것보다 10퍼센트라는 목표로 '어떻게든 할 수 있을 것 같다'라고 긍정적으로 생각하게 만들어 그 자신감을 매달 유지하게 하는 편이 훨씬 효과가 좋다.

③ 목표와 현재 상황의 차이를 단기간에 서로 확인하고 있는가?

부하에게 '이번 달 목표는 OO'라고 전달하고, 상사가 '상황을 확인하는 것은 한 달 후'라는 방식은 소용이 없다. 그 시점에서 "왜 달성하지 못했나?"라고 야단쳐 봤자 목표미달이라는 결과는 변함없다. 목표를 반드시 달성하기 바란다면 무조건 자주 확인해야 한다.

아마존에서는 기본적으로 주 단위 목표관리를 하고 있다. 각 현장의 창고에서는 더 짧게 입출하 목표와 현황 등을 한 시간 단위로 확인한다. 상사가 부하에게 얼마나 자주 확인을 하느냐에 따라 목표를 달성하는 것이 얼마나 중요한지 전달된다.

또한, 자주 확인할 때 상사가 기억해야 할 사항이 있다. 한 가지는 목표와 현재 상황의 차이만 확인하는 것이다. "지금 80퍼센트 달성했네"라고 확인하면 된다. 부하 본인이 이해하고 있기에 "20퍼센트나 부족하잖아"라고 굳이 말할 필요는 없다.

또 한 가지는 달성을 위해 자신이 할 수 있는 지원은 뭐든지 말하라고 하고, 지원을 요청하면 반드시 대처한다.

④ 현상유지 정신만으로 회사는 현상유지할 수 있을까?

미국의 스타트업 기업은 잠잘 시간을 아껴가며 일하고 있다. 아시아 여러 나라 기업도 급성장 중이다. 이런 무한경쟁과 변화의 물결 속에서 기업이 명맥을 유지하고 살아남으려면 상당한 창의력이 요구된다. '이대로'를 유지하기 위해 온 힘을 다해 변화하지 않으면, 시대의 변화를 즉각적으로 따라잡지 못한다. 계속 변화하려고 노력한다면 회사의 분위기는 확실하게 바뀔 것이다. 우선 자신의 영향력이 미치는 부분, 권한이 있는 범위에서 시작해보면 어떨까?

1 ─ 수치목표를 전원이 공유하고 있는가?

2 ─ 목표는 성취 가능한 것인가?

3 ─ 목표와 현재 상황을 자주 확인하고 있는가?

4 ─ 지금 이대로 회사는 현상유지 할 수 있는가?

 우선 달성 가능한 목표를 설정하고 자주 상황을 확인해서 얼마나 중요한지 알린다.

아마존이 결정하는 과정

필자가 오랫동안 재직한 '아마존 재팬의 오퍼레이션부'의 매트릭스를 예로 설명하자. 다음 매트릭스는 미국의 오퍼레이션부의 회계팀과 일본 오퍼레이션부의 회계팀이 함께 결정한다. 또한 매니저들도 매트릭스 작성에 협조한다.

일본 측이 미국 측에 숫자를 전달하고 승낙을 얻는 셈인데 상당히 높은 목표라도 한 번에 오케이 사인이 나는 일은 없다. "더 저렴하게 할 방법은 없을까?", "더 예산을 들이지 않고 할 방법은 없는가?"라고 반드시 질문이 되돌아온다.

예를 들면 "창고에 새로운 생산 설비를 도입하기 위해 2억 엔(약 22억 7,540만 원)의 설비투자를 하고 싶어요"라고 제안해도 미국 측이 "아니, 많아도 1억 엔(약 11억 3,770만 원)이지요"라고 답신하는 식이다.

'많아 봤자 1억 5,000만 엔(약 17억 615만 원) 정도까지 설비투자를 낮출 수 없을까?', '설비투자는 2억 엔(약 22억 7,540만 원)이 들더라도 다른 데서 회수할 수 없을까?' 등 다양한 방식으로 아이디어를 내서 최종적으로 "다음 단계에서는 이것을 기본적으로 실시해주세요"라는 허락이 떨어진다. 그래서 미국 본사와의 교섭은 몇 달이 걸린다.

Amazon's GREATEST SOLUTIONS

3장

아마존이 문제를 해결하는 회의 방식

무엇을 목표로 하고
어떤 행동 원칙으로 일하는가?

'하루 대부분을 회의하는 데 쓰지만 쉽게 타협점을 찾지 못한다면?', '상사가 바뀔 때마다 지침이 달라진다면?', '우리 회사의 직원들은 애사 정신은 없고 개인플레이만 한다면?', '거래처를 등쳐서 이익을 얻는 것 같다는 느낌이 자꾸 든다면?' 이런 문제는 회사의 이념이나 목적이 명확하지 않거나, 직원 간에 확실히 공유되지 않아서 발생하는 문제들이다.

아마존에는 창업 당시부터 '글로벌 미션Global Mission'이라 부르는 이념이 있다. 다른 기업의 '사훈'에 해당하는 것이다. 이 중에서 '커스터머 익스피리언스Customer Experience＝이득을 얻었다는 느낌이 아니라 행복하다, 즐겁다는 생각이 드는 고객체험을 할 수 있다'와 '셀렉션Selection＝선택 가능한 상품(배송이나 지불방법 등의 선택지가 풍부한 것도 포함)'이라는 두 가지가 있다.

아마존의 직원은 '지구상에서 가장 고객을 소중히 여기는 기업이라는 것' 그리고 '지구상에서 가장 상품이 풍부할 것'을 실현하기 위해 오늘도 열심히 일하고 있다.

또한, 명확한 비즈니스 모델도 존재한다. '버추어스 사이클Virtuous Cycle', 즉 '선순환'이라 부르는 것이다. 자세한 것은 자료 3에 나와 있지만, 제프 베조스가 레스토랑에서 투자자와 식사를 하는데 "아마존의 비즈니스 모델을 가르쳐 주지 않겠나?"라는 질문을 받고 냅킨에 그린 그림이다. 거기에는 글로벌 미션을 포함한 아마존의 비즈니스 프레임이 그려져 있었다.

아마존의 힘의 비결은 '우리는 무엇을 목표로 하는가?', '그를 위해 어떤 행동 원칙으로 일하는가?'가 누구나 이해할 수 있게 명확히 돼 있다는 점이다. 전 직원이 같은 방향을 향하기 때문에 불합리한 일이 잘 일어나지 않는 환경이 조성된다.

Q11 지루하고 성과 없는 회의에 지친다면?

성과 없는 회의로 인한 손실액은 간단히 산출할 수 있다. 참가자의 연봉을 시급으로 환산해서 합계를 내면 그만이다. 연봉 5,000만 원인 사람의 연봉을 대충 계산해보자. 연간 출근일이 250일, 하루 노동시간을 8시간이라고 치면 시급이 2만 5,000원이 된다. 10명이 회의를 3시간 해도 아무것도 결정되지 않은 채 해산했을 때 그것만으로도 순수하게 75만 원이 손해다. 이러한 회의가 계속 이어진다면 기업이 이익을 낼 리 없다.

아마존에서는 이처럼 성과 없는 회의는 절대로 하지 않는다. 왜냐하면 '고객에게 도움이 되지 않기 때문'이다.

‘가공의 고객’을 회의실에 ‘앉힌다’

창업 당시 미국 아마존 본사에서는 회의실에 반드시 한 자리를 비워뒀다고 한다. 왜일까? 거기에 가공의 고객, 이른바 ‘에어 커스터머 Air Customer’를 앉혔기 때문이다. ‘지금 우리가 하는 회의 내용에 고객은 기꺼이 돈을 내고 싶다는 생각이 들까?’를 의식하기 위해 이런 시스템을 도입했다.

에어 커스터머의 눈앞에서 진행되고 있는 회의가 단순한 숫자적인 보고라면 그(혹은 그녀)는 “그것은 이메일로 공유하면 되지 않아? 이 회의로 발생하는 당신들의 인건비가 상품이나 서비스 가격에 얹히는 건 싫은데…”라고 말할 것이다. 부서 간의 이해관계를 조정하기 위한 회의, 결정할 수 있는 사람이 없어서 “나중에 검토하겠습니다”라는 대답이 난무하는 회의, 모두 마찬가지다.

‘고객을 위해’라는 이념이 자리 잡은 지금은 아마존 본사에서도 에어 커스터머를 회의자리에 앉히는 일은 없어졌다. 하지만 ‘우리가 일하는 모습을 고객이 본다면 과연 어떻게 생각할까? 기꺼이 돈을 내고 싶다고 생각할까?’라는 관점에서 현재의 업무내용을 돌아보는 것은 매우 의미 있는 방법이 아닐까 한다.

• '회의 후에 참가자가 어떻게 돼 있으면 좋을까?'를 상상한다

실질적으로 성과 없는 회의는 어떻게 하면 줄일 수 있을까?

① 회의 목적을 명확히 한다.
② 회의 주최자의 역할과 참가자의 역할을 명확히 한다.
③ 회의를 시간 안에 끝내는 환경을 조성한다.

이 세 가지가 중요하지 않을까 한다.

우선 ①의 '회의 목적을 명확히 한다'에서 아마존은 '회의가 끝난 후에 참가자가 어떤 상태가 돼 있는가?'를 늘 상상하면서 회의를 진행한다. '어떤 프로젝트의 중요사항을 정하는 회의'일 경우 그 회의를 끝낸 후, '결정사항을 바탕으로 각각의 참가자가 각 부서에서 다음 액션을 바로 실행할 수 있는 것'이 목적이다.

회의는 '정보를 공유하는 회의', '대책을 의논하는 회의', '서로 아이디어를 내는 회의', '무언가를 결정하는 회의' 이렇게 네 가지로 크게 나눌 수 있다. 이 가운데 아마존에서는 '정보를 공유하는 회의'는 하지 않는다. 그 이유는 일부러 한군데 모이지 않아도 메일링 리스트를 활용하면 충분하기 때문이다.

다음으로 ②의 '회의 주최자의 역할과 참가자의 역할을 명확히 한다'에서 아마존은 기본적으로 프로젝트 리더가 회의의 주체가 된다. '무엇을 위한 회의인가?', '회의 후에 어떻게 해야 프로젝트가 다음 단계로 나아갈 수 있는가?'를 가장 잘 이해하는 사람이 회의를 연다. 회의에 참여하기 원하는 사람을 주최자가 이메일로 직접 초대한다.

한 가지 중요사항을 결정하려고 한다고 치자. 그 결정을 하는 데 필요한 멤버, 즉 그 사항에 대해 결정권을 가진 사람만 초청하는 것이다. 참가를 요청받은 사람은 '자신은 이 회의에 참석해도 도움이 안된다'라고 느끼면 '나는 참가하지 않겠습니다'라고 이유를 말한다.

원래는 자신이 참가해야 하지만, 다른 일정이 있어서 도저히 참가할 수 없을 때는 대신하는 사람에게 '권한이양'을 한다. 결정을 목적으로 하는 회의에서는 '이 사람에게 결정권을 위임했습니다'라는 프로세스를 반드시 밟는다. 따라서 "죄송합니다, 제게 결정권이 없어서 나중에 상사와 검토해보겠습니다"라고 대답하는 일은 아마존에서는 있을 수 없다.

대부분의 회의는 어떤 내용이든 반드시 꼭 필요한 멤버의 수가 많아도 5~6명 정도에 지나지 않는다. 아마존에서는 그 정도의 소수 인원으로 대부분의 회의를 진행했다.

③의 '회의를 시간 안에 끝내는 환경을 조성한다'에 대해서는 회의를 소집하는 사람이 참가자에게 사내시스템을 통해 이번 회의의 목적을 사전에 공지하고 진행하는 사람(대부분 회의를 소집하는 사람)이 회의를 시작할 때 이번 회의의 목적을 다시 한번 상기시킨다. 때에 따라서는 화이트보드에 적어서 공유하기도 한다.

또한, 아마존 사내에는 목적을 달성하는 것이 중요하지 회의 자체가 중요한 것은 아니라는 생각이 자리 잡고 있다. 짧은 시간 안에 회의가 끝난다면 누구나 대환영이다. 실제로 1시간을 예상했던 회의에서 30분 안에 회의 목적을 달성하면 그 시점에서 회의를 종료하는 일이 많았다.

회의는 필요하지만, 대부분의 회의는 성과가 없다. 많은 기업이 오랫동안 골머리를 썩이던 문제인 만큼 개선할 수 있다면 큰 효과를 기대할 수 있지 않을까?

가공의 고객은 회의 내용에 기꺼이 돈을 낼까?

 가공의 고객을 '앉히고' 그 사람이 돈을 내고 싶어지는 회의를 한다.

Q12 상사의 지시사항이 매번 바뀐다고 불만인 직원에겐?

상사가 업무 기준이 없을 때 문제해결법

'왜 상사가 바뀔 때마다 내려오는 지시나 지침은 다 다를까?', '누구 말에 맞춰서 일을 해야 하는지 도통 모르겠다'라는 고민을 안고 있는 직장인이 생각보다 아주 많다. 물론 사람마다 말하는 스타일도 다르고 그때까지의 경험도 다르기에 완전히 똑같을 수는 없다. 전임 상사는 '아침부터 밤까지 일해서 경쟁자 것을 뺏어라!'라는 방침이었는데 신임 상사는 '자신의 시간을 소중히 하면서 천천히 분발하자!'라는 방침이라고 치자. 상사가 원하는 것이 전혀 다르면 당황하지 않겠는가? 전임 상사의 방식을 부정해 자신의 색깔을 내려는 신임 상사도 있지만, 그것이 과연 의미 있는 일일까?

이 문제는 '원래 상사의 역할은 무엇인가?'라는 정의가 명확하지 않은 데서 기인한다. 아마존에서 일해보고 내가 느낀 점은 '상사의 역할이 대단히 명확하다'라는 사실이다. 상사는 '부하의 성공을 지원하기 위해 존재한다'라는 것이다. 부하의 경험치, 프로젝트의 진행 상황, 문제의 내용 등에 따라 '무엇을 지원할 것인가?'의 여부는 달라지지만, 어디까지나 주역은 부하다. 상사 자신의 가치관이나 성공체험이 주역이 아니기에 '이전 상사와 지금 상사는 원하는 것도 행동하는 것도 완전히 달라. 그래도 따를 수밖에 없지 않은가?'라는 고민은 아마존에서는 잘 생기지 않는다.

나는 일본 전국의 물류창고 매니저를 총괄하는 일을 맡기 전에 상사로부터 "매니저를 관리하는 시니어매니저는 어떤 일을 해야 한다고 생각하나?"라는 질문을 받은 적이 있다. 내가 선뜻 대답하지 못하자 상사는 "관리지표를 만드는 거라네"라고 가르쳐줬다.

이해하기 쉬운 예로 설명해보자. 회사 전체의 수치목표를 큰 고깃덩어리라고 치면 '현장에서 얼마나 먹기 쉬운 한입 크기의 고기로 만들 수 있는가?' 이것이 아마존의 시니어매니저에게 요구되는 역할이다.

아마존에서는 1장에서 말한 '직무기술서'에 각 직위의 업무내용이 명확하게 기재돼 있을 뿐 아니라, 실제로 어떤 자세로 무엇을 중요시 일해야 하는지까지 정해져 있다. 그러므로 상사가 달라져도 아마존다운 업무환경은 늘 변함이 없다.

예년 대비 너무 높게 책정된 관리지표는 작성하는 의미가 없다

관리지표를 만드는 것과 관련해서 한 가지 말해두고 싶은 것이 있다. 일본의 기업은 자주 '예년 대비 20퍼센트 플러스 달성'이라는 형태로 목표를 웃돌면 기뻐하는 경향이 있다. 하지만 아마존에서는 결코 그런 일이 없다.

왜냐하면, 관리지표를 만들 때 '굉장히 어렵겠지만 달성이 전혀 불가능하지는 않은 목표를 세우고, 그것을 목표로 100퍼센트 달성하게 한다'라는 것을 요구하기 때문이다.

'달성했다! 더구나 20퍼센트 성장이다'라는 식으로 숫자를 편성해두면 아마존에서는 예상 목표 자체를 잘못 세웠다고 비난받는다. 결국, 다음 해는 더 엄격한 계획안을 요구할 것이다.

관리지표를 만드는 사람은 선수를 트레이닝하는 코치와 같다. 선수(직원)에게 '전력으로 달리면 아슬아슬 손이 미치는 곳'에 목표 현수막을 세워 두고 달성하게 한다. 시장환경이 변화한 경우에는 어떤 방책을 세울 것인지도 고려하면서 '어느 위치에 현수막을 세울까?' 신중하게 생각하고 최적의 위치에 설치해야 한다. 물론 예산은 100퍼센트 지원해주는 것이 기본이다. 그렇지 않으면 직원도 신뢰하고 따라오지 않을 것이다.

 어디까지나 주역은 부하다. 상사 자신의 가치관이나 성공체험이 주역은 아니다.

Q13 회사에 비전이 없다고 앞날을 불안해한다면?

회사의 이념이나 비전이 없는 문제해결법

'회사의 이념이나 경영전략을 잘 모르겠고 애사정신이 생기질 않는다', '회사의 비전이 보이지 않아 앞날이 불안하다', '고객 제일주의를 주장하면서 실제로는 주먹구구식으로 일하는 것 같다' 이처럼 회사의 이념이나 전략, 비전에 불만을 품고 있는 직장인도 많다. 이들이 불만을 품을 수밖에 없는 이유가 있다. 회사의 이념이나 전략, 비전은 경영진이 만든 것이기 때문이다. 일개 말단 직원은 이를 만들거나 바꿀 수 있는 힘이 없다.

다만 개인이 할 수 있는 것도 몇 가지 있다.

하나는 자사 창업 시 이념이나 일화를 재확인하는 것이다. 모든 기업에도 시작은 있게 마련이다.

'왜 창업을 하려고 생각했나?'

'무엇을 세상 사람들이 지지해줘서 궤도에 올랐는가?'

'어떤 가치관을 중요시해왔는가?'

'앞으로도 답습하고 싶은 것은 무엇인가? 반대로 바꿔야 할 것은 무엇인가?'

이와 같은 것을 창업 시 멤버로부터 이야기를 듣거나, 자료가 있으면 읽어볼 수 있지 않은가? 이념이나 비전이 없이는 고객의 지지도 받기 어렵고 그런 기업은 경영을 이어갈 수 없다. '뭔가 훌륭한 이념이나 비전이 존재하는(혹은 존재했던) 것이 아닌가?'라는 관점에서 찾아보자. 지금을 한탄하는 것은 그다음에 해도 늦지 않다.

부서나 팀으로 자신들의 신조를 만드는 것도 방법이다

또 한 가지는 부서나 팀의 신조를 스스로 만들어내는 것이다.

아마존에는 '테네츠Tenets'라는 것이 있다. '신조' 혹은 '방침' '주의'라는 뜻이다. 리더십이념(자료 2 참조)은 시애틀 본사의 경영진이 문서로 밝힌 것이고 테네츠는 부서마다 토론해서 독자적으로 작성한 것이다.

미국의 고객서비스 부서가 '커스터머 컨택트 테네츠(Customer Contact Tenets, 고객 응대 신조)'를 작성했는데, 이 테네츠를 우연히 읽게 된 제프 베조스의 눈에 띄어 '부서마다 테네츠를 만들자'라는 이야기가 나왔다.

실제로 모든 부서에서 테네츠를 작성하지는 못했지만, 아마존 직원 사이에 뭔가 프로젝트를 시작할 때 테네츠를 작성하는 풍조가 2013년경부터 퍼졌다.

고객서비스 부서가 만든 것은 다음의 5개 조항이다. 자신들이 어떤 신조로 일하고 있는지 문서로 밝혔다.

① 질문에 대답해라.

② 고객의 수고를 덜어라.

③ 모든 고객을 친구 대하듯이 적절한 태도로 대응하라.

④ 문제는 체계적으로 보고하라.

⑤ 문제를 해결하라.

이런 신조를 자신들이 만들어보면 어떨까? 우리 부서에만 해당하는 것이라면 아무도 참견하지 않을 것이다.

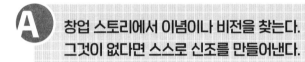

1 ─ 회사 창업 시의 이념이나 스토리를 재확인한다.

2 ─ 부서나 팀의 신조를 스스로 만들어낸다.

A 창업 스토리에서 이념이나 비전을 찾는다.
그것이 없다면 스스로 신조를 만들어낸다.

Q14

업계 1등을 위해 경쟁업체를 침몰시켜야 할까?

경쟁자, 하청업자와 동료가 되는 법

아마존의 CEO 제프 베조스는 "자신이 성공하기 위해 다른 사람이 실패할 필요는 없다", "한 업계에서 자신이 이기기 위해 다른 회사가 침몰할 필요는 없다"라는 말을 여러 차례 한 적이 있다.

다른 사람이란 거래처, 셀러(아마존 쇼핑몰에 자신의 상품을 등록하고 판매하는 외부 판매업자), 직원 등 아마존과 관계하는 모든 이를 가리킨다. 아마존에서는 '자신들이 성공하기 위해 누군가 불이익을 입는 것은 잘못된 것이다'라는 의식이 철저하게 배어 있다.

2000년에 아마존이 일본에 상륙했을 때는 '흑선(黑船, 에도시대 말기에 일본에 도착한 서양배를 일컫던 말 – 옮긴이)'이라 부르며 아마존에 대해 탐욕적인 파괴자라는 선입견을 가진 사람도 많았다. 그 이미지는 많이 수그러들었지만, 아직도 '아마존은 주변 사람들의 피눈물을 뽑아 자신의 이익을 독점하고 있다'고 생각하는 사람도 적지 않다. 하지만 그것은 큰 오해다.

⦂ 고객에게 가치를 제공하는 동료로서의 엄격함을 요구한다

그렇다면 아마존은 거래처, 셀러, 직원 등에게 친절할까? 대답은 '아니오'다. 굉장히 엄격하다. 왜냐하면, 고객들에게 우리와 함께 늘 최상의 것을 제공하자는 태도 때문이다. 자세한 것은 5장에서도 언급하겠지만, 고객은 아마존의 북극성 같은 절대적인 존재다. 아마존은 모든 관계자를 '동료'로 인식하고 고객에게 최상의 서비스 수준을 요구한다. 그러므로 상대에게 해결책을 그냥 던져버리는 일은 절대 하지 않는다.

어느 배송업자에게 "비용을 낮춰주세요"라고 부탁했는데, 배송업체가 "지금보다 낮출 여력이 없습니다"라고 대답했다고 치자. 그 경우 아마존은 "어떻게 하면 경비를 삭감할 수 있을지 함께 고민해봅시다"라는 자세를 취한다.

예를 들면 '배송업체의 작업부담을 기술력으로 줄이는 방법은 없을까?'라고 생각한다. 그리고 "지금 시행하는 작업 일부를 이쪽에서 맡을 테니 그만큼 비용삭감을 부탁해도 될까요?"라고 한다.

사실 발송지별 구분은 그때까지 배송업자가 수작업으로 해왔는데, 배송비용을 절감하고 고객에게 환원하기 위해 아마존이 설비를 투자해서 배송업자별, 동시에 발송지별로 상품을 구분하게 된 적이 있다.

거래처나 셀러 선정이나 교류에서도 같은 사고방식을 고수한다. 만일 창고에서 큰 사고가 일어나면 상품 출하를 기다리는 고객에게 큰 영향을 미친다. 나아가 아마존에서는 아마존을 위해 일해주는 사람도 모두 고객이라는 의식이 있다. 따라서 창고에서 일하는 사람의 안심과 안전을 확보할 수 없는 상태는 허락할 수 없다.

그런 의식을 공유할 수 없는 상대, 예를 들면 '아마존에서 잔소리 하지만, 돈이 드니까 안전대책은 안 해도 돼'라는 사고방식을 가진 업자와는 함께 일할 수 없다.

만일 '누군가를 울려서 자기들만…'이라고 느낀다면 가능한 그 이익을 고객에게 환원해보면 어떨까? 그 누군가와 협력해서 고객에게 최상의 고객체험을 제공하는 팀을 만드는 것이다. 그렇지 않으면 단기적인 성공은 거둘지 몰라도 장기적인 성공은 기대하기 어렵다. 반드시 그 대가를 치러야 한다.

'경쟁자와 손을 잡는다? 하청업자와 동료가 된다? 그런 꿈같은 일을'이라고 생각하는가? 아마존이 성장할 수 있었던 것은 창업 이래 그런 꿈같은 일을 우직하게 계속해왔기 때문이다.

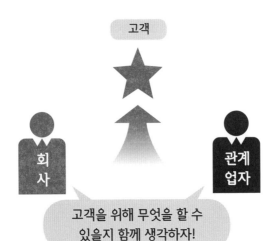

고객

회사

관계
업자

고객을 위해 무엇을 할 수
있을지 함께 생각하자!

 울리고 있는 상대는 동료가 될 수 있다. 함께 고객에
게 가치를 제공하자.

아마존만의 박수갈채 회의가 효과적인 이유 _____

아마존에서는 파워포인트를 사용한 프레젠테이션은 금물이다. 자료는 문장형식으로 작성한다. 장황하게 쓰는 것이 아니라 기본적으로는 A4 1페이지=1페이저나 A4로 6페이지=6페이저스 중 어느 쪽인가를 택한다. 비즈니스 문서의 대부분은 1페이저로 작성하고 연간 예산이나 프로젝트는 6페이저스로 작성한다(그래프나 표 등은 별첨하되 페이지 수로 카운트하지 않는다).

또한, 아마존에서 회의할 때는 몇 분 동안 참석자 전원이 침묵하고 1페이저 혹은 6페이저스의 자료를 읽는다. 적당한 타이밍에 자료 제출자가 "다 읽으셨습니까?"라고 참석자들에게 물어보고 다 읽었으면 비로소 토론이 시작된다.

대화는 자료에 대한 질의응답이다. "첫 번째 장에 질문 있습니까?", "아무도 없으시면 두 번째 장에서 질문은?", "없군요···" 이런 식으로 끝까지 '없는 채로 끝나는 회의가 아마존에서의 이상적인 회의다. 이렇게 진행하면 참석자로부터 "잘했어!"라는 말을 듣고 전원이 박수갈채를 보낸다. 반박할 여지 없이 잘 짜인 아이디어고 완벽한 자료인 셈이기 때문이다.

Amazon's GREATEST SOLUTIONS

4장

아마존만의
인재 성장 시스템

원하는 목표와 그 후의
효과는 분명한가?

'사람을 가르칠 수 없어', '직원 연수의 성과가 안 나', '직원이 연수를 받으려고 하지 않아'와 같은 고민이 생긴다면 회사의 교육체계를 다시 점검해볼 필요가 있다.

아마존은 직원 교육에 대단히 많은 힘을 쏟고 있는 기업이다. 다른 많은 기업과 달리 두 가지 관점을 특히 중요시한다.

한 가지는 직원 교육으로 얻고자 하는 목표가 확실히 정해져 있다는 것이다. 1장에서 이야기한 직무기술서와 책임범위, 직무권한이 명확하게 돼 있는 것은 직원 교육을 한다는 전제하에서다. 그렇지 않으면 회사에서는 그 사람에게 원하는 기술이 있어도 경험이 부족해서 훈련으로 익혀야 한다고 말할 수 없다.

두 번째는 직원 교육의 성과가 실무에 적용되는가다. 아마존에는 간부

교육연수를 받은 사람은 전문 강사의 지원을 받을 수 있는 체제로 돼 있었다. 나 역시 지원받았고 전문 강사에 의한 효과적인 피드백으로 훈련받은 내용과 실무를 연결할 수 있었다.

시애틀에서 장기간 행해지는 간부교육연수의 항공권과 체재비와 연수비, 전문 강사의 교육비 등 나 한 사람에게만 막대한 비용이 든다. 교육은 그냥 받는 것에서 끝나면 의미가 없고 그 후 업무에서 살려야 비로소 비용 대비 효과를 기대할 수 있다.

많은 기업의 직원 연수 실정은 조금 과장되게 표현하자면 임기응변식의 교육이 많은 것 같다. 교육 직후에 참가자의 설문조사로 교육의 만족도를 측정하는 곳도 많지만, 솔직히 말하면 별 의미가 없지 않을까? '무엇을 어떻게 실무에 적용할 것인가?'가 직원 교육을 하는 유일한 목적이며 그 후의 효과를 측정하지 않으면 좋은 교육이었는지를 판단할 수 없다고 생각한다.

Q15 직원을 지속적으로 성장시킬 시스템이 없다면?

"상사가 어깨너머로 보고 배우라는 식으로 던져주기만 하고 아무것도 가르쳐주지 않아서 힘들어요", "상사마다 업무를 가르치는 방식이 다르고 중요하게 생각하는 포인트도 다 달라서 어디에 맞춰야 할지 모르겠어요"라는 고민을 안고 있는 직장은 부하를 가르치는 교육 시스템이 전혀 갖춰지지 않은 곳이다.

이 장의 첫머리에서도 언급했지만, 아마존에서는 직원 교육에 막대한 힘을 쏟고 있다. 그중에서 두 가지 포인트를 들었었다.

① 직원 교육으로 얻고자 하는 목표가 확실히 정해져 있다.
② 직원 교육의 성과가 실무에 적용되는가?

이는 상사가 부하에게 가르친다는 작업을 재검토할 때 중요하게 고려해야 할 점이다.

부하가 기본 기술을 익히는 데 있어서 가르침은 대단히 효과적이다

우선 '이 직무에서 갖췄으면 하는데 부족한 경험이나 능력은 무엇 인가?'라는 것은 부하를 가르치는 상사가 공유해야 할 기본정보다. 그 기본정보가 여기저기 흩어져 있어서 상사마다 하는 말이 다르면 부하는 혼란스럽기만 하다.

상사는 의미가 애매한 부사를 남용하지 말았으면 한다. '제대로 한다', '성의를 담아 행동한다' 등 사람마다 다르게 받아들일 수 있 는 표현은 피하고, 숫자 등으로 구체적으로 가르쳐야 한다.

이해하기 쉬운 예를 들자면, '웃는 낯으로 배웅한다'보다 '입꼬리 를 1센티미터 끌어올려 웃는 얼굴로 고객을 배웅한다'라는 쪽이 부 하가 구체적으로 행동에 옮길 수 있다.

또한, 부하를 단순히 가르치는 것뿐 아니라. 가르친 것을 적용할 수 있게 됐는지 확인하는 기회도 필요하다. 이 또한 상사마다 평가 기준이 다르면 부하는 혼란스럽다. 가르친 것을 제대로 할 수 있게 됐는지 상사가 공유하고 평가하는 일이 중요하다. 사람은 3일 지나 면 대부분의 일을 잊어버리고, 사람이 행동을 습관화하는 데는 최소한 3주는 걸린다. 부하가 꼭 익혔으면 하는 것은 가르친 그 날부터 상사가 매일 정기적으로 확인하고 피드백을 줄 필요가 있다.

가르친 것을 못하는 순간을 찾아서 갑자기 혼내는 일은 없어야 한다. 그때까지 아무 말도 하지 않다가 3일 후에 갑자기 "거봐 가르쳐준 것을 벌써 잊어버렸지 않나?"라며 언성을 높이는 것 말이다. 이렇게 하면 상사는 기분이 좋을지 몰라도 부하는 위축되기만 한다.

부하에게 최대한 빨리 그 행동을 익히게 하려면, 가르쳐준 직후부터 자주 신경을 쓰고 성공을 도와줘야 한다. 구체적으로 가르치는 방법은 기본 기술을 익히는 데 있어서 매우 효과적이다.

● 상사는 들어주고, 함께 생각하고, 부족한 자원을 조달한다

아마존에서는 상사도 부하도 꽤 자율적으로 일한다. 자율적인 업무 방식을 채택한 직장에서 상사가 효과적으로 부하에게 관여하는 방법은 고민을 듣고, 고민의 본질에 대해 함께 생각하고 부족한 자원을 조달하는 것이다.

예를 들면 부하가 너무 바빠서 납기까지 작업이 완료되지 않는다는 고민을 이야기했다고 치자. 상사는 그토록 바쁜 원인이 무엇인지, 어떤 대책을 세우면 납기까지 작업을 완료할 수 있는지 함께 고민한다. 그리고 상사는 해결하는 데 필요한 사람과 물자, 돈 등의 자원을 준비해서 부하의 성공을 지원한다.

아마존의 매니저급 이상의 상사는 통상 수행하는 업무의 하나로 부하와 '1on1'이라고 불리는 일대일 면담을 한다. 상사에 따라서 다르지만 일주일에 한 번 혹은 이 주에 한 번꼴로 한 사람당 30분 정도 면담한다. 사전에 부하와 일정을 확인해서 시간과 날짜를 정하고 회의실 등 개인의 프라이버시가 유지되는 공간에서 한다. 이 시간에 부하의 업무상 고민을 듣고 해결책을 함께 생각한다.

● '자신보다 나은 인재를 기를 수 있는 상사'가 점점 더 높은 평가를 받는 시대다

나아가 '사람을 가르칠 수 없다'는 고민이 뿌리 깊게 내린 원인 가운데 하나는, 상사가 부하를 가르쳤는데 부하가 자신보다 능력 있는 사람이 돼버리면 자신이 불필요해지는 것은 아닌가 하는 두려움에서다.

아마존에서는 이를 막기 위해 인사 채용 시부터 '아마존을 앞으로 한 단계 더 끌어올려 줄 인재를 채용하자'라는 목적으로 채용한다. 즉, 자신들보다 우수한 인재가 들어오는 것을 전제로 한다. 제프 베조스는 '나보다 우수한 인재를 채용하는 것을 두려워해서는 안 된다'라는 말을 여러 번 했다. 그렇지 않으면 회사는 성장을 멈추기 때문이다.

실제로 아마존의 승진 과정은 상사의 추천에서 시작된다. 상사의 중요한 역할 가운데 하나는 추천장에 쓸 수 있을 만한 실적을 부하가 쌓을 수 있게 하는 것이다.

아마존 재직 시 나는 자주 부하 리더들에게 "자네들의 상사인 내 역할은 무대연출 같은 것이라네. 연기하는 장면을 준비하고 그에 맞춰 무대를 준비해서 배우인 부하들이 최고의 퍼포먼스로 많은 사람에게 인정받게 하는 것이지"라고 설명하곤 했었다.

부하를 빛나게 하는 것이야말로 상사라는 의식이 아마존에는 뿌리 깊이 박혀 있다. AI의 대두나 노동인구의 부족이 현실화되는 가운데 '사람을 기르는 상사가 우수하다'는 인식과 평가는 앞으로 점점 정착해갈 것이다.

직원 교육체계는 기업 전체와 상관있는 큰 문제다. 하지만 '자신의 부하, 자신의 후배를 능력 있는 인재로 기른다'고 작게 해석하면 자신의 권한이 미치는 범위 안에서 지금 당장 실시할 수 있다.

자기 자신을 뛰어넘는 인재를 자꾸 배출하는 시스템을 스스로 만들어보자. 그 시스템을 직장 전체에 확산시켜보자. '사람을 가르치다', '사람을 기르다'는 잘 연구하면 얼마든지 가능성을 높일 수 있는 영역이다.

1 기본 기술은 구체적으로 '가르친다'.

2 부하가 자율적이면 들어주고, 함께 생각하고, 부족한 자원을 조달한다.

3 부하가 자신보다 우수하게 성장하는 것을 두려워하지 않는다.

 가르치고 함께 해결한다. 양쪽을 활용해서 자신을 뛰어넘는 인재를 기른다.

비싼 직원 연수를 진행해도 성과가 없다면?

직원 연수의 성과를 객관적으로 분석하는 법

기업의 연수 도입 담당자에게서 "아니, 사원을 위해 여러 가지 연수를 실시하고 있는데요. 좀처럼 성과가 나질 않아요"라는 말을 들을 때가 많다. 이야기를 자세히 들어보면 연수 후의 '트래킹(Tracking, 추적 분석)' 프로세스가 전혀 없는 경우가 대부분이다.

'그 후'를 추적 분석하지 않으면 연수의 성과는 전혀 알 수 없다

아마존은 인터넷상에서 비즈니스를 하고 있기에 고객에게 더 나은 서비스를 제공하기 위해 트래킹을 늘 상정한다. 마찬가지 이론으로 직원 연수를 한 경우도 '연수의 성과가 어떻게 자리를 잡았는가? 만일 그렇지 못했다면 그 원인은 무엇인가? 어떻게 하면 성과를 낼 수 있게 할 수 있나?'를 습관처럼 생각해야 한다.

그러나 직원 연수를 하고 있는 기업 대부분은 사실상 트래킹을 하고 있지 않다. 참가자의 '그 후'를 파악하지 않기 때문에 연수에 대해 PDCA 사이클을 돌릴 수가 없다. '연수의 성과가 나지 않는다'고 고민하는 직장에서는 우선 '연수의 성과가 어떻게 나왔는지? 혹은 아예 나오지 않았는지'를 파악해야 한다.

외부에서 기업연수강사를 초빙해서 연수할 경우, 대책안으로 생각할 수 있는 것은 "연수 후의 성과를 측정하는 방법은 있습니까? 있다고 한다면 어떤 방법으로 측정하고 있습니까?"라고 물어보는 것이다.

만일 "효과를 측정하는 방법이 있다"라고 한다면 그것도 포함해서 계약하면 된다. 효과를 측정하는 방법이 없다고 대답하는 경우, 그 기업연수강사에게는 의뢰하지 않거나 함께 트래킹 방법을 개발하거나 두 가지 가운데 하나를 하면 좋다.

사내 교육시스템으로 직원 연수를 할 때도 교육 후의 트래킹을 포함한 프로그램을 써야 한다. 보통 기업들이 PDCA 사이클의 P와 D에 중심을 두고 C와 A를 하지 않는 경향이 있다.

하지만 C와 A가 있기에 P와 D가 존재하는 것이다. 트래킹을 하고 구체적으로 어떤 수준으로 성과가 나오지 않았는지 객관적인 정보를 수집하려고 노력하자. 부하의 연수 후 성과를 상사가 정기적으로 확인하면 되니까 그렇게 어렵지 않다.

● 트래킹 다음 단계에서는
'어디에서 막혀 있는가?'를 알아낸다

연수 참가자의 그 후를 트래킹하고 성과가 나오지 않았다는 사실이
분명하다면, 이번에는 연수자가 어떤 단계에서 막혀 있는지 파악한
다. 이를 통해 정착시키는 방법은 달라진다.

- 머리로 이해하지 못했는가?
- 어느새 잊어버렸는가?
- 실제로 하지 못하는가?

기업은 1년간 막대한 직원 연수비를 지출한다. 그런데도 인사부,
직원 연수 담당자 그리고 기업연수강사의 '자기만족' 수준에 그치고
마는 일도 있다. "자신이 전부터 마음에 들었던 연수강사에게 의뢰
하고 무사히 연수를 개최할 수 있었다(직원 연수 담당자)", "참가자의
평가가 다 좋았다(연수강사)"라는 수준의 만족감이다.

막대한 투자비용을 회수하려면 자기만족에서 그치지 않고 '그
후'를 철저하게 신경 써야 한다.

| 1 | 연수의 감상이 아니라 성과를 파악한다. |

| 2 | 성과가 나지 않았다면 어디에서 막혀 있는지 알아낸다. |

 연수 후의 성과를 객관적으로 분석하고 막혀 있는 지점을 뚫어서 대책을 마련한다.

Q17 직원 교육에 참가하는 사람이 적을 땐?

직원들이 교육을 빠짐없이 받게 하는 법

기업컨설팅을 하다 보면 기업 교육 담당자들에게 "직원들의 교육 참가율이 낮아서 걱정입니다"라는 고민을 종종 듣는다. 이런 고민은 교육의 목적이 교육 후에 도달하기 바라는 목표라는 사실을 직원들이 이해하지 못하는 데서 비롯하는 것은 아닐까? 이것은 교육을 받는 측뿐만 아니라 교육을 제공하는 측도 마찬가지다.

아마존의 직원 교육은 현 단계에서 다음 단계로 가려면 이러한 능력이 필요하므로 교육을 통해 익히기 바란다는 의도가 명확하다. 교육 참가는 다음 단계의 일을 하기 위한 필수 조건이자 통과해야 하는 관문이다. 상사는 '그(혹은 그녀)가 아직 교육을 받지 않았지? 다음 기회에 승진시키기 전에 교육받을 기회를 만들어줘야 하는데'라고 생각하고 부하 역시 교육 참가가 당연하다는 인식을 하고 있다.

하지만 다른 기업에서 행해지는 직원 교육에 관해 이야기를 들어보면, '가능하면 받기를 원하지만 최종적으로 개인의 판단에 맡긴다', '꼭 받아야 하는데 교육 후에 도달해야 할 목표는 참가자 개인에게 맡긴다' 등의 애매한 방침으로 실행되는 것 같다. 참가여부가 자유라고 하면 현장 관리에 바쁜 중간 관리직 사람은 눈앞의 일이 우선이라 참가하지 않을 수 있다.

따라서 개최하는 측(인사담당자 등)은 교육의 목적, 즉 교육 후에 도달하기 바라는 목표를 꼼꼼하게 검토해야 한다. 개최의 이유를 잘 모르겠으면 과감히 중단하고 참가 예정자를 일터로 돌려보내는 편이 기업의 생산성에 도움이 된다.

◦ 교육 담당자가 범하기 쉬운 두 가지 잘못

교육 담당자가 범하기 쉬운 오류도 몇 개 있다. 하나는 '교육 참가율이 낮은 것은 강사의 이야기가 재미없어서가 아닐까?'라는 생각에 오락성이 높은 강사를 원하는 것이다. 재미있는 강사를 부정하고 싶은 마음은 없다. 하지만 교육 도중의 만족도를 채택의 판단 기준으로 하는 시점에서 본래의 목적과 사뭇 멀어진다. 강사는 '참가자에게 어떤 기술을 익히게 하고 실무에서 활용할 수 있게 하는가?'라는 관점에서 선택해야 한다. 그렇게 하면 참가하는 직원들에게 교육의 목적도 명확하게 말해줄 수 있다.

또 한 가지는 '전원이 아니라도 괜찮아. 참가자의 몇 퍼센트만이라도 뭔가를 깨달을 수 있으면 돼'라는 안이한 생각이다. 이런 생각은 이미 그 교육은 반드시 익혀야 할 기술을 제공하는 것이 아니라 익혀 두면 손해 볼 것은 없는 기술을 제공하는 것이 된다.

앞에서도 말했지만, 교육은 그다음이 중요하다. 교육 담당자는 직후의 감상이 아니라 그 후의 행동에 주목할 필요가 있다. 또한, 반드시 본전을 뽑는다는 강한 의지도 중요하다. 그렇지 않으면 방대한 돈과 시간을 낭비하고 말 것이다.

 '강사의 이야기가 재미없어서인가?'라고 생각한다.

 '참가자의 몇 명이라도 뭔가를 깨달을 수 있으면 된다'라고 생각한다.

 참가자 전원이 익혀졌으면 하는 기술이 있는 경우에만 교육을 실행한다.

아마존의 오프사이트 미팅

아마존에서는 '오프사이트 미팅(Off-site Meeting, 현장 밖 회의)'을 자주 했었다. 사무실에서 완전히 떨어진 장소에서 하나의 주제에 대해 집중적으로 논의한다. 내가 몸담았던 오퍼레이션 부서도 도심에서 벗어난 숙박시설 등에서 1박 2일의 오프사이트 미팅을 1년에 몇 차례씩 하곤 했다.

내가 출석했던 오프사이드 미팅 가운데 가장 규모가 컸던 것은 '글로벌영업과 고객서비스'의 오프사이트 미팅이다. 1년에 한 번은 반드시 실시하는 이벤트로, 대형 호텔을 3일 동안 전세 내어 전 세계 아마존 오퍼레이션과 고객서비스 책임자 300여 명이 한곳에 모여 미팅을 한다.

오프사이트 미팅의 의의는 크게 두 가지로 나뉜다. 하나는 회사의 큰 방향성과 새로운 기술의 정보공유를 통해 참가자의 공통인식을 조성하는 것이다. 또 하나는 네트워크 형성이다. 많은 인원이 모여 막대한 비용이 발생하지만, 아마존은 그만큼 오프사이트 미팅을 중요하게 여긴다.

Amazon's GREATEST SOLUTIONS

5장

아마존은 회사의 모든 문제를 이 한 가지로 집중시킨다

고객의 관점에서 문제를 해결하면
업무방식이 근본적으로 바뀐다

'사내에 떠도는 무기력감을 견딜 수 없다', '새로운 아이디어를 내도 좀처럼 실현할 수 없다', '부서 간의 이해관계 조정 때문에 피곤하다', '재탕하는 물건만 계속 만든다'와 같은 문제는 고객을 소중히 여기지 않는 것이 원인이라고 생각한다.

아마존에서 '고객'은 늘 지침이 되는 북극성 같은 존재다.

아마존에서는 3개월에 한 번 직원 표창식이 있다. 몇 가지 상이 있는데, 그중에서 가장 가치 있는 상은 '도어 데스크 어워드Door Desk Award'라 불리는 상이다.

수상자에게는 아마존 근검절약의 상징인 '도어 데스크(1994년 베조스가 아마존을 창업할 당시 돈을 아끼려고 집 차고에 사무실을 차리고 문짝을 떼어다 책상을 만든 데서 유래한 문짝 책상으로 고객을 위한 곳이 아니면 돈을 쓰지 않겠다는 아마존의 이념이자 원동력의 상징이다 - 옮긴이)'의 미니어처 도어 데스크를 선물 받는다. 그 미니어처 도어 데스크에는 아마존 창업자 제프 베조스의 사인과 함께 항상 '고객이 정한다!'라고 적혀 있다.

또한 3장 첫머리에서 말한 대로, 아마존에는 '글로벌 미션'이라 불리는 것이 있다. 이는 창업 당시부터 변함없이 전 세계 아마존의 공통된 가치관이다.

'고객체험'과 '선택'이라는 두 가지의 말을 사용하고 있다. 사실 아마존의 비즈니스 모델로 알려진 '버추어스 사이클'에서도 고객체험이 사이클의 기점이 된다.

앞에서 거론한 문제를 안고 있는 직장은 '이 일은 정말 고객을 위한 일인가?'라는 관점에서 재조명해보면 좋다. 그렇게 하면 일 자체의 방식이나 접근방식이 근본적으로 바뀔 것이다.

우리 업계가 사양산업이라고 한탄만 하고 있다면?

사내 무기력증 해소법

'사양산업이라서 절대 무리야. 열심히 해봤자 장래성이 없는걸', '어차피 월급도 안 오를 텐데 적당히 해야지'와 같은 분위기가 넘쳐나는 직장이 적지 않다.

이 문제는 그 기업이 고객시점에서 일을 하고 있지 않다는 증거다. 직원의 관심을 사로잡는 무언가가 있어서 거기에만 집중하다 보니 정작 중요한 고객을 살피는 것을 잊는다.

이런 무력감을 가진 직원은 아마존에는 절대 존재하지 않는다. 그 이유는 이 장의 첫머리에서 말했듯이 아마존에는 고객만족도 향상을 철저히 한다는 미션과 비즈니스 모델이 존재하기 때문이다.

고객의 만족도 향상에 한계는 존재하지 않는다

무엇보다 강렬한 것은 아마존의 창업자이자 CEO인 제프 베조스로부터의 메시지다. 그는 매사에 "고객은 늘 아마존이 앞으로 나아갈 것을 기대하고 있다. 그 기대에 보답하지 못하고 같은 자리에 머물러 있을 시간이 없다"라고 말했다.

아마존의 서비스를 이용함으로써 이득을 얻었다는 느낌뿐 아니라, '행복하다', '즐겁다'는 생각이 드는 것, 이것이 아마존에서 추구하는 고객만족이다. 하나의 고객만족을 제공함으로써 그걸로 끝은 아니다.

속도에 관해 말하면, 고객은 도착이 빠르면 빠를수록 기뻐한다고 믿는다. 그것을 알기 때문에 며칠 걸리던 도착을 앞당기고, 몇 시간 후로 하고, 지역에 따라서는 1시간 이내에 배달하는 시스템을 개발해왔다. 그래도 최종 목적은 달성하지 못했다. '더 빠르게 그리고 확실하게 배달하는 방법이나 시스템은 없을까?'라고 아마존은 언제나 연구하고 있다.

선택지에 관해서 말하면, 고객은 '지금의 내게 제일 편한 방법으로 돈을 내고 싶다'라고 생각한다. 따라서 지불방법은 고객이 선택하는 쪽이 좋다. 아마존 재팬을 시작할 때는 신용카드로만 지불이 가능했다. 하지만 지금은 대금상환, 편의점, ATM, 인터넷뱅킹, 전자머니, 분할지불, 리볼빙납부(매달 일정금액을 지불하는 방식 – 옮긴이) 등 다양한 수단으로 결제할 수 있게 돼 있다. 앞으로 고객의 수요에 따라 가상통화가 결제수단으로 추가될 가능성도 충분히 있다. 하지만 이것도 궁극적인 목표는 아니다.

이처럼 어떤 업계든, 어떤 규모든, 어떤 부서든 '고객의 만족도를 올리기 위해 무엇을 할 수 있을까?'를 지금 바로 추구할 수 있다. 그리고 고객만족도 향상에는 한계가 존재하지 않기 때문에 일을 하는 데 있어서 영원한 동기부여가 된다.

⦂ 우리 업계를 사양산업이라고
한탄하기 전에

자신이 속한 업계를 사양산업이라고 한탄하고 있는 직원들은 '정말로 고객의 소리를 잘 들었나?'라고 자문해보기 바란다.

고객센터에 접수되는 의견을 수시로 확인하고 있는가? 고객에게 설문조사를 받아봤나? 새로운 분야의 박람회에 출전해봤나? 길 가는 사람에게 테스트해봤나? 국내에 온 외국인 관광객에게 수요를 확인해봤나? 해외를 돌아다니며 새로운 수요를 필사적으로 개척했는가? 생각나는 모든 수단과 방법을 다 써보고 그래도 사양산업이라고 여겨진다면 의심할 여지 없이 그럴 것이다. 하지만 실제로는 우리가 상상하는 것보다 고객의 수요가 많이 존재하는데도 불구하고 스스로 속단하고 포기할 뿐이다.

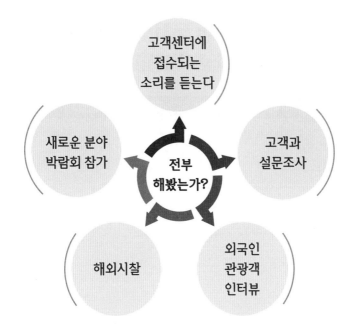

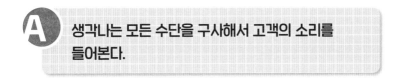

A 생각나는 모든 수단을 구사해서 고객의 소리를
들어본다.

**윗사람의 눈치로 아이디어가
죽어가고 있다면?**

고객은 늘 새로운 것을 추구한다. 어디로 튈지 모르는 고객의 입맛
에 대응하려면 새로운 아이디어가 끊임없이 나와주어야 한다. 아이
디어가 나오기만 해서는 안 되고 실제로 구체화돼 실현이 돼야 한
다. 기업이 고객에게 오늘도 내일도 지지받는 존재가 되기 위해서
해야 하는 필연적인 노력이다.

"아이디어가 구체화되지 않아요"라고 한탄만 하는 기업은 처음
부터 고객의 소리에 귀 기울이고 있지 않았던 것은 아닌가 의문이
생긴다.

"아니요. 그렇지 않아요. 고객의 소리가 있어도 새로운 것을 하려
고 하면 '정말로 잘 되겠나?', '안 팔리면 누가 책임을 질 건가?'라는
윗사람들의 걱정에 짓눌리고 만다"라는 반론도 있을 것 같다.

무조건 반대만 할 뿐, 아무런 대안을 내놓지 않는 사람들이 권한을 쥐고 있다는 현실을 한탄만 해서는 사실이 호전되지는 않는다. 아이디어를 구체화하고 싶다면 몇 가지 포인트를 확인해서 실행에 옮길 수밖에 없다.

아이디어를 구체화하기 위해 해야 할 일

첫 번째는 객관적인 정보를 수집하는 것이다. '고객으로부터 강한 요청이 들어왔고, 그 수는 이렇게나 많다'라는 설득자료가 된다. 프로토타입을 만들어서 잠재적인 고객에게 사용해보게 하고, 그 의견을 모으는 것도 좋다.

두 번째는 작게 시작하는 것이다. 현재 업무에 막대한 영향을 주지 않고, 예산은 최소한으로 하고, 멤버도 소수인원으로 꾸리는 것 등이다. 좋은 의견을 많이 모아서 설득자료로 준비하자.

세 번째는 중단 마지노선을 정하고 공유하는 것이다. 'OOO원을 투자해서 목표에 도달하지 못하면 중단', 'O년 O월 O일까지 목표를 달성하지 못하면 중단' 등이다. 물론 달성하고자 하는 목표를 숫자로 명확하게 정해 둘 필요도 있다.

네 번째는 "고객을 위해"라는 말을 연발하는 것이다. "이렇게 하면 고객이 기뻐할 거야"라는 표현을 많이 쓴다. 그리고 반대론자와 적대관계가 되는 것이 아니라 함께 고객의 만족감을 끌어올리는 동료가 되자.

아마존에서는 새로운 프로젝트를 시작할 때, 반드시 소규모의 테스트부터 시작한다. 가령 어느 장르의 음료를 아마존에서 새로 취급하기를 원한다고 가정해보자. 그 장르의 음료를 판매하고 있는 제조사가 전국에 100개 있으며, 제조사마다 10개 상품을 취급한다고 치자. 즉 100개의 제조사에 1,000개 상품이 있다고 가정한다. 이 경우 갑자기 제조사 100군데와 계약을 맺고 상품 1,000개를 판매하지는 않는다. 새로운 장르의 음료를 다루면, 어떤 문제가 발생할지 모르기 때문이다.

우선은 1개 혹은 2개 회사와 계약을 맺고 10개에서 20개 상품 정도로 거래를 시작한다. 거기에서 문제가 발생하면 해결책을 찾아낸다. 그다음으로 거래처를 10개로 늘려서 문제가 발생하면 해결하고, 한 걸음 더 나아가 거래처를 50개로 늘려서 문제가 있으면 해결하는 식이다. 이런 과정을 반복하면서 최종적으로 100개 제조사와의 거래를 성사시킨다.

이런 식으로 추진해가는 것을 아마존에서는 '봉투를 펼친다'라고 표현한다. 봉투 크기를 조금씩 크게 펼치고 잘 되면 또 조금씩 사업규모를 확장해나간다. 조심스럽고 시간이 걸리는 방법처럼 보이지만 끊임없이 PDCA 사이클을 돌리고 있기에 큰 실패를 모면할 수 있다. 또한 조금씩 순차적으로 위의 과정을 목표로 하기 때문에 현장에서 '이것은 무리야, 무모한 일이야'라는 느낌이 일지 않고 혼란도 잘 일어나지 않는다.

1	객관적인 정보를 수집한다.
2	작게 시작한다.
3	중단할 마지노선을 정하고 공유한다.
4	"고객을 위해"를 연발한다.

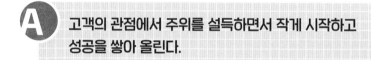

A 고객의 관점에서 주위를 설득하면서 작게 시작하고 성공을 쌓아 올린다.

Q20 부서 간의 불필요한 경쟁구도에 지쳤다면?

부서 간의 주도권 쟁탈전을 해결하는 법

부서의 중역이나 직원을 만나서 이야기를 듣다 보면 종종 "부서 간의 이해관계 조정에 지쳐요"라는 말을 듣는다. 업무 고민이 아닌, 다른 부서와의 주도권 쟁탈전과 그에 따른 하소연을 들으면 난감해질 뿐이다. 그런 회사에는 회사가 제일 중요하게 생각해야 할 고객이 설 자리가 전혀 없기 때문이다.

3장의 성과 없는 회의 문제에서도 소개했지만, 예전 아마존 본사에서는 회의자리에 가공의 고객을 앉히곤 했었다. '우리가 일하는 모습을 보고 고객은 기꺼이 돈을 내고 싶다고 생각할까?'를 자문하기 위한 장치다.

부서 간의 이해관계 조정을 위해 고객은 돈을 내줄까? 유감스럽지만 대답은 'NO'다.

3미터와 2미터 50센티미터 중간인 2미터 75센티미터로 타협하고 있지 않은가?

아마존에서는 타협이나 조정이라는 말을 아주 싫어하는 풍토가 있다. 제프 베조스는 직원들에게 '소셜 코헨션Social Cohesion에 주의하라'고 종종 말하곤 했었다. 소셜 코헨션은 '사회적 일체성' 혹은 '사회적 통합'이라는 뜻인데, 의역한 '공모함', '친한 사이에서의 통합' 쪽이 제프가 전하고 싶은 뜻에 가깝다고 생각한다. 그는 구체적으로 천장의 높이를 추측하는 상황을 예로 들어줬다.

"천장 높이를 추측할 때 어떤 사람은 '2미터 50센티미터 정도 아냐?'라고 하고, 다른 사람은 '3미터 정도인가?'라고 말했습니다. 그것을 들은 또 한 사람이 '그럼 2미터 75센티미터로 하지 않겠나?'라고 말하자, 다른 두 사람도 '그렇게 하자'라고 말하고 2미터 75센티미터로 결론을 내렸습니다.
이것이 소셜 코헨션이 일어난 순간입니다. 애매한 숫자로 대충 목표를 정하거나 실적을 추측해서는 안 됩니다. 자를 가지고 와서 제대로 천장의 높이를 재야 합니다."

부서 간의 조정이라는 말을 들으면 나는 이 말을 떠올린다. 우리는 모두의 대답을 조정하고는 2미터 75센티미터라는 대답을 내놓고 있지는 않은가?

업종이나 업계, 부서와 상관없이 우리의 일은 모두 '고객이 득을 본다'를 향해 나아가야 하지 않겠는가? 즉 '우리가 어떻게 되고 싶은가?'로 대답을 하는 것이 아니라 '고객이 우리에게 바라는 것이 무엇인가?'를 이야기해야 한다. 전보다 더 진지함을 요구하지만, 결론은 훨씬 쉽게 날 것이다. 즉, 부서 간의 조정이 아니라 '협력'이 필요하다.

● 우리 팀이 제일 소중해서
뒤로 타협하지 못한다?

아마존에는 'OLP'라 불리는 14개 조항의 리더십이념(자료 2 참조)가 존재한다고 여러 번 언급했다. 나는 개인적으로 '사람들에게 신뢰를 얻는다'라는 제11조가 특히 마음에 든다.

부서 간의 조율을 할 때 자기 부서나 자기 팀이 소중한 나머지 리더가 "아니. 우리 팀은 틀리지 않아"라고 강하게 주장하는 사례가 있다. 하지만 리더가 진정으로 신뢰를 얻으려면 다른 팀이나 관련 부서 사람들을 존중하고 그 팀들이 하는 말에 열심히 귀를 기울이는 자세를 취해야 한다.

부서 간의 조율은 자신들을 위한 행동이다. '고객을 위해'라는 큰 시야를 지닌 리더들이 서로 협력하면서 일을 진행해가면 머지않아 훌륭한 성과를 낼 수 있다.

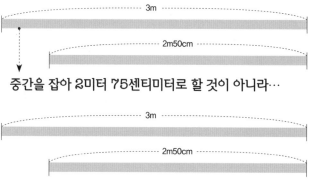

중간을 잡아 2미터 75센티미터로 할 것이 아니라…

어느 쪽이 고객에게 좋을지 이야기해서 결정하고 협력한다

 부서 간 이견을 조율하는 것이 아니라, 고객을 위해 서로 협력한다.

Q21

왜 경쟁사와 엇비슷한 재탕 아이디어만 튀어나올까?

> 경쟁사를 의식하지 않고 고객에게 집중하는 법

새로울 것이 없는 재탕 제품 생산, 경쟁사와의 동질화 문제로 고민하는 기업이 많다. 이러한 문제들은 고객만족도를 높이는 노력을 하면 의외로 간단히 해결할 수 있는 문제다.

경쟁사를 지나치게 의식하다 보면 고객을 잃는다

제프 베조스는 자주 "경쟁사를 너무 보다 보면 고객을 잃기 때문에 주의하세요"라는 말을 했다. 경쟁사를 이기는 것을 목적으로 하면 가장 중요시해야 할 고객의 지지를 잃고 만다.

아마존은 '지금 우리는 어떤 수준인가?'를 파악하기 위해 경쟁사를 의식한다. 예를 들면 어느 쇼핑사이트에서 아마존이 취급하지 않는 장르의 상품을 판매하기 시작했다고 치자. 그러면 아마존은 '우리도 연구하면 판매할 수 있지 않을까?'라고 생각한다. "경쟁사를 앞질러서 서비스를 개시하자"라는 이야기는 나오지 않는다. 경쟁사를 이길 목적으로만 서비스를 개시했다가 고객에게 민폐를 끼친다면 아무 소용이 없기 때문이다.

또한 아마존은 다른 기업이 놀랄 정도의 속도로 서비스 시작을 준비한다. 그때도 고객의 만족도 향상이 큰 동기부여가 된다. '고객을 위해 지체 없이 빨리 서비스를 시작하자'라는 생각으로 전 직원이 개발과 출시 속도에 가속도를 붙인다.

● 경쟁사를 의식한 결과 동질화를 부르는 비극

제조사에 근무하는 직장인들로부터 "경쟁사가 어떤 기능을 탑재했기 때문에 우리도 지지 않고 같은 기능을 탑재했다. 그러자 경쟁사가 우리의 독자 기능을 탑재하기 시작했다… 이것을 반복하다 보니, 로고만 다를 뿐 경쟁사 제품도 우리 제품도 같아졌다"라는 웃을 수 없는 이야기를 들을 때가 있다. 많은 사람이 방대한 자금과 노동력을 쏟아부은 결과가 동질화를 초래한 셈이다.

① '고객을 어떻게 기쁘게 해줄 것인가'가 우리의 임무인지 재확인한다.

② 그 임무를 바탕으로 고객의 소리에 귀를 기울인다.

③ 경쟁사를 우리의 현재 수준을 알 수 있는 벤치마크로 삼는다.

이렇게 3단계로 본질적인 업무방식을 되돌릴 수 있다.

특히 ①이 중요하다. "획기적이라서 놀랐다"라든지, "싸다"라든지 "못 구할 줄 알았는데, 구해서 기쁘다"라든지…. 고객으로부터 어떤 의견이 있었는지 검토하고 사내에서 공유하자. 그렇게 하면 앞으로 나아가야 할 방향도 보이기 시작한다.

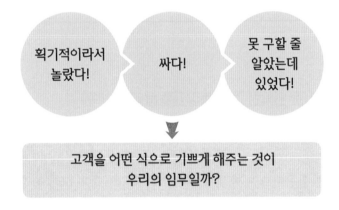

획기적이라서 놀랐다!

싸다!

못 구할 줄 알았는데 있었다!

고객을 어떤 식으로 기쁘게 해주는 것이 우리의 임무일까?

경쟁사는 현재 상황을 파악하는 데 활용하고 고객만족도 향상에 의식을 집중한다.

COLUMN

아마존이 곤란한 상황에서 고객을 대응하는 법 _____

아마존에서는 고객과의 약속을 어기고 기대를 저버리는 사태를 극도로 피한다. 특히 크리스마스가 중요하다. 12월경 아마존 재팬 사이트상에는 '크리스마스 전까지 배송'이라는 표시가 나온다. 이것도 '도착을 약속할 수 있는 상품인가, 그렇지 않은가'를 고객이 한눈에 볼 수 있도록 연구한 것이다.

아마존에서는 약속을 지키기 위해 다양한 수단을 쓴다. 미국에서 크리스마스 전날 고객으로부터 "상품이 도착하지 않았어요"라는 연락이 접수된 적이 있다. 데이터상에는 배송완료로 표기돼 있었는데 실제로 물건은 받지 못한 모양이었다. 이에 고객서비스 직원의 독자적인 판단으로 무상출하와 항공편 업그레이드를 해주어 물건도 그날 안에 도착했다.

일본에서도 배송업자에게 부탁해서 배달하려니 크리스마스를 지나 도착하는 사태가 벌어지는 일이 있었다. 우리는 긴급회의를 소집해서 대응안을 생각했다. 그 결과 배송지에서 가장 가까이에 있는 물류창고 매니저가 산타클로스 복장으로 직접 배달하는 방법을 선택했다. 산타클로스 복장으로 매니저가 배송한 결과 고객은 무척 기뻐했다.

Amazon's GREATEST SOLUTIONS

6장

아마존은 조직의
노화 문제를
이렇게 해결한다

성과를 판단하는 것이 아니라, 목표달성 지원이 중요하다

'상사가 정당하게 평가해주지 않는다', '이직률이 높다', '사내 꼰대들이 새로운 도전을 허락해주지 않는다', '사내 몬스터와 인간관계 때문에 피곤하다'…. 이러한 문제는 수치목표의 부재와 평가제도의 부족이 원인인 경우가 많다. 수치목표를 '설정하고, 평가한다'. 이것은 한 세트로 생각해야 한다.

많은 회사가 성과를 평가할 때 목표는 일단 설정했으나 그대로 1년 동안 방치하는 경우가 많다. 즉, 급여를 결정해야 하는 시기인 회계연도 말이 돼서야 비로소 상사가 부하에 대한 평가를 전달하는 식이다.

1년간 딱히 아무런 말도 듣지 않았는데 "자네에 대한 평가는 별로 좋지 않군"이라는 말을 들으면 부하는 어떻게 생각할까? '아무 말도 하지 않으니 잘하고 있다고 생각했는데…'라며 큰 충격을 받을 것이다. '이 회사는 나를 제대로 평가해주지 않아. 여기에 있어 봤자 장래가 없어'라고 사표를 내도 전혀 이상한 일이 아니다.

왜 이러한 일이 일어나는 것일까? 그것은 '평가'라는 말을 상사가 오해하고 있기 때문이다. 많은 회사가 '평가'를 부하가 낸 결과물에 대해 잘해냈는지 못해냈는지 판단하는 것으로 생각하는 것 같다.

그러나 아마존은 다르다. '부하가 목표를 달성할 수 있도록 정기적으로 관여하고 뭔가 차이가 생기면 바로잡는 것을 '평가'라고 생각한다.

4장에서 말한 대로 아마존의 매니저급 이상의 상사는 통상 업무의 하나로 '1on1'이라 부르는 일대일 면담을 한다. 이를 통해 부하와 정기적으로 목표와 현실 사이의 차이를 확인하고 대처방안을 함께 생각한다.

또한, 연도 말의 평가와는 별개로 중간평가도 하고 '리더십이념=OLP'에 기초를 둔 행동을 할 수 있는지 중점적으로 확인하고 목표 달성하는 데 필요하다면 상사의 판단하에 승진도 시켜준다.

Q22 '제대로 평가받지 못한다'라고 불만인 직원이 있다면?

정성평가와 정량평가를 제대로 활용하는 법

'나는 열심히 일하는데도 다른 동료에 비해 좋은 평가를 받지 못해', '우리 상사는 자신의 비위를 맞춰주는 부하만 편애해', '효율적으로 일을 빨리 끝내봤자 월급만 적어질 뿐이야' 등 이런 다양한 형태로 회사의 부당한 평가에 불만을 품은 직장인이 아주 많다. 이런 직장을 계속 다녀야 하는 직원도 스트레스지만 이런 불만을 품고 있는 멤버를 인솔해야 하는 리더도 여간 골치 아픈 게 아니다.

수치목표를 기초로 서로 평가할 수 있는 일터를 만들어야 한다

사내에서 불공평한 느낌을 최대한 없애는 한 가지 방법은 수치목표를 도입하는 것이다. 수치목표에 대해서는 2장에서 자세히 설명한 것처럼 객관적인 숫자로 평가하면 부당하다고 느끼는 사람이 줄어든다.

아마존에서는 매트릭스를 도입해 아마존 전체의 수치목표를 매달, 매주 각 현장에 부여한다. 창고와 같은 현장은 매일, 매시간 설정해 그 수치목표가 명확하다. '목표가 숫자로 정해져 있지 않으면 무엇을 어디까지 분발하면 되는지 알 수 없지 않은가?'라는 것이 아마존의 기본적인 사고방식이다.

결과적으로 상사 마음에 드는 사람이나 사교성이 좋은 사람만 승진한다는 식의 모호한 평가는 피할 수 있다. 상사와 잘 맞지는 않지만 제대로 결과를 내는 사람이나 사교성은 별로 좋지 않지만 제대로 성과를 올리고 있는 사람에 대한 부당한 평가를 막을 수 있다.

상사는 부하가 열심히 한다거나 늦게까지 일한다는 기준으로 평가할 것이 아니라, 달성해야 할 수치목표를 각자에게 지시하고 그다음 '얼마나 달성했는가?'라는 달성도에 중점을 두고 평가해야 한다.

수치목표가 애매한 직장에서 평가에 대한 불만을 품고 있는 부하가 있다면, 우선 다음 주 일주일 동안 달성해줬으면 하는 수치를 금요일에 제시해보자. 그리고 다음 주 금요일에 달성도를 확인해보자.

다만 이 장의 첫머리에서도 언급한 대로 '해냈는지 못해냈는지'를 판단하는 것이 상사의 역할은 아니다. 상사의 역할은 '부하 전원이 목표를 달성하게 하는 것', 즉 목표에 미달하지 않도록 지원하는 것이다. 미달한 부분을 분명히 하고 어떻게 하면 달성할 수 있는지 함께 생각하자. 그것을 계속하는 것만으로도 관계가 상당히 개선될 것이다.

숫자뿐만 아니라 인간성을 보는 평가 기준도 중요하다

아마존은 수치목표 달성이라는 객관적 요소만으로 모든 것을 평가하는 것은 아니다. 그렇게 하면 '로봇의 가동률을 확인하자'와 무엇이 다르겠는가? 수치목표에 따른 평가를 '정량평가'라고 한다.

아마존에서는 리더십을 대단히 중요시해서 '리더십이념=OLP'를 만들었다. 간부직뿐 아니라 전 아마존 직원에게 요구하는 인간으로서의 행동강령이나 존재방식을 14개 항목에 정리한 것이다. 리더십이념 바탕을 둔 행동을 취했는지 매주 일대일면담, 중간평가, 연말평가 등에서 늘 확인한다.

그 행동실적은 임금인상이나 승진에도 큰 영향을 미친다. 리더십이념에 바탕을 둔 평가로써 숫자로 결과를 내기 때문에 어떻게 일하든 상관없다는 식으로 동료를 무시하거나, 배신하거나, 따돌리는 행동을 막을 수 있다.

• 인간성을 평가하는 시스템을 만들 땐
회사의 기본방침을 활용하자

"아마존에는 리더십이념이 존재하지만, 우리 회사에는 정성평가(숫자에만 의존하는 정량평가와는 달리 인성이나, 역량, 잠재성을 종합평가하는 방식 – 옮긴이)하는 시스템이 존재하지 않아요"라고 말하는 사람도 있지 않을까? 그럴 경우 인간성을 평가할 수 있는 시스템을 만들 수밖에 없기에 회사방침을 활용해야 한다.

어느 회사든 회사방침 내지는 그와 비슷한 것이 존재한다. 거기에는 반드시 회사의 존재의미나 우리 회사와 다른 회사를 구분하는 힌트가 들어 있다. 회사방침에 쓰여 있는 것을 실천할 수 있으면 회사의 일원으로 '올바른 직원'이다.

예를 들면 '고객을 소중히 하자'를 회사방침으로 삼는 회사인데 고객을 소중히 여기지 않는 직원이 있다고 치자. '그건 좀 아니지'라고 평가할 수 있다. 또한 '새로운 기술로 세상을 놀라게 하겠다'라는 회사방침이 있으면 신기술을 점진적으로 개척하는 사람, 세상을 놀라게 하는 방법을 늘 고안하는 사람이 높은 평가를 받는다.

회사방침을 기초로 한다면 인원이 적은 팀의 매니저라도 '이런 행동하는 사람을 서로 평가하자'라는 방침은 쉽게 세울 수 있다. 그

방침을 기초로 서로 분발하고 인정할 수 있으면 같은 방향을 향해 나아가고 일체감이 있는 팀을 만들 수 있다.

'자사의 회사방침을 다시 읽어봤는데 잘 와 닿지 않았다'는 사람도 있을 수 있다. 그럴 경우 회사의 방침이 얼마나 자신의 이상과 차이가 있는지 한번 검토해볼 필요가 있다. 나아가고자 하는 방향은 대충 같은지, 아니면 완전히 반대 방향을 바라보고 있는지 살펴보자.

유감스럽게도 후자라면 회사에 공헌하면 할수록 자신의 이상과 차이가 크게 벌어지므로 지금의 회사에서 계속 일해야 할지 말지를 면밀하게 검토해봐야 하지 않을까?

1 — 수치목표를 기초로 달성도로 평가한다 (정량평가).

2 — 회사방침 등을 기초로 행동 기준을 작성해서 평가한다(정성평가).

 정성평가와 정량평가 두 가지로 판단하면 부당한 평가를 예방할 가능성이 크다.

Q23 일 잘하는 직원이 자꾸 그만둘 때 특단의 대책은?

높은 이직률을 해소하는 문제해결법

직원을 뽑아도 바로 회사를 그만두거나 젊고 우수한 직원일수록 회사의 미래가 없다며 떠나가는 등으로 어렵게 뽑은 인재가 제대로 일을 하기도 전에 일을 하다가 중간에 그만둔다면 회사는 막대한 손해를 입게 된다. 그런 손해를 미연에 방지하기 위해 상사가 세울 수 있는 대책에는 무엇이 있을까? 그것은 '레코그니션(Recognition, 인정, 인식)'이다. '진가를 인정하고 감사하는 것'이라고나 할까?

일하는 사람에게 급여나 상여금과 같은 금전적인 보수는 동기부여로 이어진다. 하지만 그것은 경영진이 최종적으로 결정하는 문제로, 극히 일부 기업을 제외하고 급여를 갑자기 많이 주는 일은 좀처럼 일어나지 않는다. 즉, 금전적인 보수는 상사가 마음대로 할 수 없는 부분이다.

일하는 사람에게 또 한 가지 동기부여가 되는 것이 있다. 바로 '비금전적 보수'다. 인간에게는 인정 욕구가 있다. 자신이 열심히 일하는 모습에 대해 "열심히 하고 있구나. 고마워"라는 말을 듣는 것, 그 감사의 말 자체가 보수이며 큰 동기부여로 이어진다.

그렇다면 부하가 자신이 열심히 하는 것을 가장 인정해줬으면 하는 사람은 누구일까? 바로 자기 상사다. 부하들은 다른 사람에게 열심히 한다는 말을 듣는 것보다 가장 가까이에 있는 상사에게 칭찬받고 싶어 한다.

물론 비금전적 보수(감사의 말)만 훌륭하고, 금전적 보수(급여)가 동반되지 않는 환경은 경영상 오래가지 않을 것이다. 하지만 많은 직장에서 상사가 스스로 할 수 있는 부하에 대한 비금전적 보수를 제공하는 일조차 게을리하고 있지는 않은지 살펴봐야 한다.

● 자기 부하의 업적을 주변에 널리 알린다

아마존에서는 레코그니션을 굉장히 중요하게 여긴다. 상사는 자기 부하의 업적을 다른 아마존 직원에게 알리는 행동을 한다.

내가 몸담았던 오퍼레이션 부서의 예를 들어보자. 창고는 체제와 시스템이 정돈되면 출하량이 늘어서 하루 최고 출하기록 등이 갱신되곤 한다. 훌륭한 기록을 냈을 때는 창고 센터장이 다른 창고 책임자들에게 '하루 OO만 개라는 최고 출하기록을 세웠습니다'라는 요지의 내용을 메일 리스트로 보낸다. 그러면 그것을 본 사람들로부터 축하의 메시지가 온다.

'큰 프로젝트가 완료됐다'와 같은 큰 공적은 제프 베조스도 참가해서 메일 리스트에 보내기도 한다. 각 부문의 수뇌, 세계 각지의 아마존 사장 등이 리스트에 포함되어 있다. 그들이 메일의 내용을 보고 굉장하다고 느끼면 다른 멤버와도 그 내용을 공유한다. 그 결과 세계 각국에서 칭찬의 메시지가 도착한다. 제프로부터 "축하하네"라는 답신이 오기도 한다.

상사의 중요한 업무 중 하나는 부하가 주변 사람들로부터 훌륭하다고 칭찬받는 무대를 만들어 주는 일이다. 그리고 이 행동은 사내에서 무언가 새로운 프로젝트가 시작될 때, 능력을 인정받은 부하가 좋은 제안을 받을 수 있는 기회로 이어지기도 한다. "목소리 큰 사람의 의견은 통과되기 쉽다"라고 말하는데 '부하의 올바른 업적을 전달한다'라는 점에 관해서는 목소리가 아무리 커도 상관없다.

고객에게 이익을 환원하는 방침을 지닌 아마존 직원의 급여는 다른 외자계 기업과 비교하면 전혀 높지 않다. 하지만 직원들은 일하는 보람을 느끼면서 일하고 있다. 그것은 서로의 공적을 인정해 주는 문화가 형성돼 있기 때문이다.

레코그니션으로 부하가 칭찬받는 무대를 만든다

 부하에게 훌륭한 기회가 돌아오도록 업적을 널리 주변에 전한다.

무슨 일을 하는지 알 수 없는 꼰대 중역이 많다면?

"특별한 업무도 없는데 높은 연봉을 받는 꼰대 중역이 회사에 있다"
"꼰대 중역이 젊은 직원들의 도전을 응원해주기는커녕 성장을 방해
한다" 등의 한탄은 특히 오래된 조직문화가 팽배한 대기업에서 종
종 들려온다.

아마존은 비교적 젊은 회사(아마존 본사는 1994년, 아마존 재팬은
2000년 창업)라서 '꼰대'라고 불리는 현상은 별로 일어나지 않는다.
창업 당시부터 재직해서 현재 60대를 넘은 사람은 거의 없고, 평균
연령도 30대 중반 정도다. 또한, 성장에 이은 성장으로 늘 인재를 모
집하는 기업이라서 입사 1년 미만의 사람이 대부분이다.

나는 2016년 2월에 47세의 나이로 아마존을 그만뒀다. 그만둔
이유의 하나가 '꼰대가 되고 싶지 않아서'였다. '앞으로 아마존이 원

하는 속도나 에너지를 따라갈 수 있을까?'라고 냉정히 생각해본 결과, 어렵다고 판단했다.

아마존에서는 하나의 일을 완수하는데 속도나 에너지를 요구한다. 그것은 기업규모가 성장함에 따라 더 필요하게 된다. 한편 자기 자신의 체력은 떨어진다. 지식이나 경험만으로 다 보충할 수 없는 부분이 생겨난다.

● 존재가치를 생각해보고 철저하게 의지해 이용한다

아마존에서는 '9블록'이라 불리는 인재평가를 하고 있다. 원래 제너럴 일렉트릭이 개발한 인재평가 툴이 기초다. 이것은 '정량적인 평가=퍼포먼스'와 '정성적인 평가=포텐셜'이라는 두 가지 기준으로 평가하는 시스템이다.

아마존에서 퍼포먼스란 '수치목표를 달성했는가 아닌가?'에, 포텐셜은 '리더십이념에 바탕을 둔 행동을 취하고 있는가?'에 해당한다.

뒤에 있는 도표를 봐주기 바란다. 오른쪽 위에 위치하는 퍼포먼스도 포텐셜도 높은 최고의 영역에 있는 사람은 아마존에서 1년에 한 명 나올까 말까 하는 인재다. 그런 직원은 계속 승진을 거듭하고 장차 간부후보로 그에 상응하는 연수를 받고 훈련을 거듭한다. 대부분 직원은 '조직의 대들보'라고 불리는 영역에 있지만, 아마존에서는 원래 설정 목표치가 높아서 이 영역에 있는 것만으로도 충분히 대단한 일이다.

그렇다면 꼰대란 어떤 사람을 가리킬까? 그것은 우측 위에 가까운 영역이었던 사람이 나이를 먹으면서 좌측 아래로 내려온 상태라고 할 수 있다. 전에는 퍼포먼스도 포텐셜도 높았는데 어느새 그 힘을 발휘하지 못하게 된 것이다.

미국이나 유럽 기업은 가혹해서 이 영역으로 내려온 사람에게 '실적이 기준에 미치지 못했기에 계약은 갱신하지 않습니다'라고 알린다.

그렇다면 현실적으로 중견간부나 젊은 직원은 현장에서 무엇을 해야 할까? 교과서적인 대답이지만 '꼰대'라고 불리는 사람들이 회사에 존재하는 이유가 무엇인지 생각하고 철저하게 이용하는 일이다.

예를 들면 '내가 이야기도 나눌 수 없는 지위에 있는 사람을 소개해주지 않을까, 내가 모르는 것을 가르쳐주거나 경영진을 설득해주지 않을까' 등 철저하게 의지해본다.

만일 그 회사에 존재할 이유가 없는 꼰대가 남아 있다면 유감스럽게도 그 기업에 미래는 없다. 꼰대를 허용하고 중견 직원이나 젊은 직원의 도전을 저해하는 회사는 성장하지 못하고 일찌감치 도태할 가능성이 크기 때문이다.

제너럴 일렉트릭의 9블록(상자)

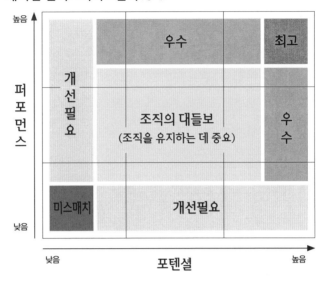

 철저하게 의지해보고 존재가치를 느끼지 못하면 포기하는 수밖에 없다.

Q25 직원의 세대 차이로 사내 분위기가 어수선하다면?

문제가 많은 직원을 해결하는 법

"언제 폭발할지 모르는 부하 때문에 의논도 못 하고 애를 먹고 있어요", "성격이 과격한 동료 때문에 회사 가기가 싫어요" 등의 문제도 있다. 사실 직장에서의 스트레스는 업무 때문이라기보다 대인관계에서 오는 경우가 90퍼센트다. 특히 상대하기 어려운 '사내 몬스터'가 한 사람이라도 있다면 골치 아프다.

사내 몬스터가 많은 권한을 쥐고 있으면 더 힘들다. 그 사람밖에 못 하는 일이 있거나 그 사람이 오케이라고 사인을 내려야 앞으로 나아갈 수 있다면 주변 사람은 되도록 풍파를 일으키지 않으려고 한다.

문제의 원인은 그 사람의 행동을 허락하고 점점 더 심해지게 한 평가제도에 있다. 따라서 그런 업무방식을 인정하지 않는 제도를 회사 차원에서 만드는 것이 가장 좋다. 하지만 현실적인 대처로는 자기 팀 안에서 그런 업무방식을 긍정적으로 평가할 수 없다는 분위기를 조성하는 수밖에 없다.

당신이 사내 몬스터의 상사라면, 사내 몬스터가 바람직하게 일했을 때만 평가해주고 조금씩 행동을 바꿔 주는 것이 좋다. 예를 들면, 늘 기분이 안 좋은 부하가 있다고 치자. 얼마 되지 않는 기분 좋은 날을 노렸다가 "그런 식으로 일하는 것은 정말 좋네"라고 칭찬해 준다.

당신이 사내 몬스터의 동료나 부하일 때는 상사와 의논할 수밖에 없다. 긁어 부스럼을 만들지 않겠다고 행동을 조심하면 아무것도 변하지 않기 때문이다.

상사와 의논할 때 중요한 것은 그 사람의 인격을 부정하지 않는 것이다. 인격부정은 그 사람이 소중히 하는 가치관을 부정함으로써 상대를 공격적으로 만들어버린다.

사내 몬스터가 동료라면 "나는 당신을 인간적으로 존중한다. 하지만 이런 식으로 일하는 것은 주위 사람의 업무 생산성을 방해하니 개선을 부탁할 수 없을까?"라고 전달하는 포인트나 전달하는 수단(누가, 언제, 어떻게 전달하는가)을 상사와 함께 생각하고, 개선하는 모습을 지켜보는 방법과 평가 방법 등도 의논한다.

혼자 마음대로 상상하지 말고
   과감히 물어보는 것도 중요하다

사내 몬스터가 당신에게 어떤 사람이든 지금보다 의사소통을 많이
해볼 것을 추천한다. 의사소통의 횟수가 줄수록 그 사람은 점점 다
루기 힘들어진다.

나 역시 아마존에서 일하기 시작했을 무렵, 버거운 상사가 있었
다. 대화가 안 통하고 상대도 나를 좋아하지 않는다고 생각했다. 어
느 날 비즈니스 코치에게 고민을 털어놓으니 평소에는 의견을 좀처
럼 말하지 않던 코치가 "이제부터 내 의견을 이야기하려고 하는데
들을 준비 돼 있나?"라고 했다.

그리고 "정말 그 사람은 당신을 싫어할까? 당사자에게서 직접
들어본 적이 있는 건가?"라고 물었다. 내가 "아니오"라고 대답하자
"그럼 본인에게 물어보지 그래? 그래서 싫지 않다고 하면 지금까지
의 고민은 아무것도 아닌 것이 되는 거지"라고 말했다.

나는 즉시 상사와 면담을 요청해서 과감하게 "비즈니스 코치와
이런 이야기를 나눴어요. 과감하게 여쭤보고 싶은데요, 저를 싫어하
세요?"라고 물었다. 상사는 놀라면서 "아니, 나는 전혀 그렇게 생각
하지 않는데 왜 그런 생각을 했지?"라고 대답하는 것이 아닌가.

그렇게 여러 이야기를 나눈 것을 계기로 상사와의 거리는 좁혀
졌다. 단숨에 불신이 사라진 것은 아니지만, 상사는 내가 자신에게
미움받고 있다고 생각하게 만들었다는 점, 나 스스로는 맘대로 미

움받고 있다고 믿었던 것을 반성하고 이전보다 관계가 좋아졌다.

그 후 나는 인간관계로 고민하는 아마존의 부하에게 "당사자에게 직접 물어봤나?", "본인에게 직접 전달했나?"라고 말하곤 했다. 마음대로 단정해서 문제가 심각해진 경우도 많았기 때문이다.

1   '좋은 방법이 아니야'라는 것을 확실히 전달한다.

2   결코 인신공격을 하지 않는다.

3   의사소통을 자주 하도록 한다.

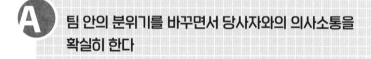

A   팀 안의 분위기를 바꾸면서 당사자와의 의사소통을 확실히 한다

COLUMN

아마존의 인사평가제도는
이렇게 다르다 _____

아마존에서는 1년에 한 번, 1~3월경에 대대적인 인사평가를 한다. 평가의 기준은 두 가지다. 한 가지는 퍼포먼스, 즉 실적이다. 매주 전달받는 매트릭스의 숫자와 비교해서 각자가 1년 내내 수시로 평가받고 있다. 다른 한 가지 기준은 리더십이념을 실현했는가다. 이것은 다양한 측면에서 이뤄지며, 매니저급 이상의 사람은 부하에게도 평가받는다.

실적과 리더십이념에 따른 인사평가로 바뀌는 것이 두 가지 있다. 한 가지는 기본급이다. '세계 각국의 아마존 임금 기준 인상지표' 같은 숫자가 존재한다. 인사평가가 중간이면 거의 지표대로, 하위면 인상이 없고, 상위면 지표보다 조금 인상하는 식이다.

또 한 가지는 'RSU(Restricted Stock Unit, 양도제한 조건부 주식)'이다. 회사 주식으로 판매할 수 있는 시기가 1년 혹은 2년 후로 제한된 것이 큰 특징이다. RSU 쪽이 기본급보다 인사평가로 큰 차이가 벌어진다.

6장 아마존은 조직의 노화 문제를 이렇게 해결한다

Amazon's
GREATEST
SOLUTIONS

7장

아마존만 하고 있는
직원 불만
해결 시스템

지금처럼 해도 회사가 유지될 수 있는지 진지하게 고민해본다

세상의 변화 속도는 가파르다. 물건을 파는 방식만 놓고 봐도 '현장에서 판매 – 인터넷에서 판매 – 현장과 인터넷에서 복합적으로 판매'라는 방식으로 최근 몇 년간 급격하게 변했다. 이런 시대의 큰 변화에 기업도 마땅히 적응해야 하고 기업의 직원도 그래야만 한다.

기존의 방식, 주어진 환경에 구애받지 말고 자신들의 능력을 살릴 수 있는 방향을 고려하면서 성장해야 한다. 그 성장에는 '지금의 회사를 떠나겠다'라는 과감한 결단도 포함될 수 있다. '나는 내 인생을 어떻게 살고 싶은가?'를 고민하면서 앞으로의 경력을 생각해야 한다.

아마존의 직원 중에도 회사를 떠나는 사람은 많다. 맞지 않아서 그만두는 사람도 있지만 극소수다. 대부분은 경력을 높이기 위해 떠난다. 아마존에서는 시니어매니저였지만 다른 회사의 CEO를 맡아달라는 제안을 받고 이직하는 사례, 혹은 스타트업 기업에서 아마존에서의 경험을 회사에서 살려보지 않겠느냐고 불러들이기도 한다.

 회사를 그만둘 때 많은 직원이 "오늘로 아마존을 졸업합니다"라고 메일을 쓴다. 아마존에서 배우고 다음 단계로 나아가려는 의사가 '졸업'이라는 단어에 함축돼 있다. 그런 사람들에게 떠나보내는 사람들도 경력을 위한 훌륭한 기회라며 진심으로 축하한다. 지금까지의 경험을 살려서 다음 경력을 어떻게 만들어갈지 생각하는 사람이 많다. 대부분 평생 아마존의 보호를 받으려는 마음은 전혀 없다.

 아무리 큰 기업일지라도 '우리 회사가 몇 년 후에 존속하고 있을지는 알 수 없다'라는 전제하에 긍정적 변화를 진지하게 생각하고 행동하는 것이 중요하다. 그렇지 않으면 변화를 즐기는 사람들에게 완전히 뒤처지고 말 것이다.

Q26 회사 내에서 누구도 책임을 지려고 하지 않을 땐?

실패를 두려워하는 분위기를 반전시키는 법

기업의 중간 관리직의 고민은 보통의 직원과는 다르다. 그들은 "요즘 젊은이들은 책임지는 일을 맡기 싫어합니다", "도전하는 직원보다 안전을 추구하는 직원이 오히려 출세합니다"라며 무사안일에 빠진 기업문화를 한탄한다.

산업구조가 근본적으로 바뀌는 시대에서 '실패하지 않는 것이 중요하다'라는 분위기는 기업을 궁지로 내몬다. 그 여파는 "지금까지 시장점유율 1위였는데 2위로 떨어졌습니다'인 정도가 아니라 '절대 안전하다고 믿었던 회사가 도산했습니다"라는 수준의 강력한 것이다.

솔직히 '바꿀 것인가, 바꾸지 않을 것인가'로 고민할 때가 아니지 않은가.

● 우선은 작게 시작해보고
위험부담을 줄이면서 크게 만든다

새로운 일, 남이 해본 적이 없는 일을 하려면 '리스크Risk'는 반드시 있다. 우리는 이 단어에서 '위험'이나 '위기'라는 말을 떠올리기 쉽지만, '불확정한 것에 대해 확률적으로 계측할 수 있는 것'이라는 정의도 있는 것처럼 '이러한 위험성이 있다'라고 알 수 있는 상태를 가리킨다.

얼마나 위험한지를 아는 데는 이 방법밖에는 없다. ①우선은 작게 시작한다. ②데이터를 측정한다. ③어떤 곳이 어떻게 위험한지 분석한다.

본격적인 도전에 해당한다고 판단되면, ④더 실제로 해보면서 불확실한 요소를 없애고, 위험성을 줄인다. ⑤불확실한 요소를 안정시킨 후에 대대적으로 전개해나간다.

①과 ②를 할지 말지 망설이는 기업도 많다. 이런 기업은 '우리 회사는 정말로 위험하다'라는 위기의식을 가지고 새로운 일, 주변에서 하지 않은 일을 작게 시작해봐야 하지 않을까?

● '장차 꽃필 것'에 투자했기 때문에 지금이 있다

또한 ①과 ②의 마케팅이나 의견청취 프로세스를 많이 하고, ③에서 좋은 분석결과를 얻었는데도 ④의 본격적인 도전단계로 좀처럼 나아가지 않는 사례도 흔하다. 이런 경우는 기업의 지도자가 실패를 두려워하지 않는 기업풍토를 어떻게 조성하느냐에 달려 있다.

아마존의 창업자이자 CEO인 제프 베조스는 틈만 나면 직원들 앞에서 '그때'를 떠올리면서 위험부담을 떠안는 것의 중요성을 강조해왔다.

'그때'란 미국의 '닷컴 버블(Dot-com bubble, 인터넷 분야가 성장하면서 산업국가의 주식시장이 지분 가격의 급상승을 본 1995~2000년 사이의 거품경제 현상으로 IT 버블, TMT 버블, 인터넷 버블이라고도 한다 – 옮긴이)' 붕괴의 충격을 받은 2000년 무렵을 말한다. 일본에서는 아마존 재팬이 설립된 해다.

미국 아마존닷컴의 주가는 40달러에서 한순간에 2달러 정도로 하락했지만, 제프는 설비투자의 움직임을 오히려 가속화시켜서 적자가 늘고 있었다. 여러 잡지에서 "아마존은 머지않아 도산한다", "아마존의 경영수단은 이상하다"라고 연재하고 월스트리트의 기관투자가도 신랄한 평가를 하곤 했다.

그때 일을 회상하면서 제프는 이렇게 말하곤 했다.

"그 당시 저는 그들에게 오해받고 있었습니다. 하지만 창의적인 일을 하고 있었기에 '장차 꽃피는 일'에 투자했던 겁니다. 그때 씨를 뿌리고 열심히 물을 줬기 때문에 모두 꽃피고 있습니다. 지금 이렇게 번영하고 있는 겁니다. 잊지 말기 바랍니다. 그때 나와 당시의 동료들이 세상

사람들로부터 오해받을 만한 창의적인 일을 했기에 지금 꽃이 피고 있다는 사실을요. 미래를 위해 씨를 뿌리지 않는다면 이 꽃은 언젠가 시들어버립니다. 그러니 오늘도 창의적인 씨를 뿌립시다. 미래에 꽃을 피우기 위해서 말이죠. 설령 그것이 지금은 오해받는 일일지라도…."

2018년 11월, 제프가 사내회의에서 "아마존은 너무 커서 무너뜨릴 수 없는 존재는 아니다. 언젠가 아마존은 망할 것이다. 아마존은 도산할 것이다. 대기업을 보면 그 수명이 30년 안팎이지 100년은 아니다"라고 말했다는 뉴스가 있었다. 직원을 협박하려는 것이 아니라 그는 진심으로 그렇게 믿고 있었을 것이다.

● 쓸 수 있는 예산을 쓰고, 자기 팀 안에서 뭔가 새로운 일을 시작해본다

기업 지도자의 강한 메시지도 물론 필요하지만, 동시에 아마존에서는 다양한 시스템으로 '실패를 두려워하지 않는 기업풍토'를 정착시켰다. 그 대표적인 시스템의 하나가 아마존의 리더십이념의 제4조에서 '대부분 올바르다'인데, 때때로 틀릴 때도 있다는 점을 강조하는 말이다. 리더십이념은 승진이나 임금인상 평가의 기준이므로 회사가 '틀려도 좋으니 도전하는 인재가 평가받는다'는 강렬한 메시지를 전달하고 있는 셈이다.

만일 일정의 예산을 사용할 권한을 줬다면 우선 그 예산을 사용해서 자신의 팀 안에서 무언가 새로운 것을 시작하고 스스로 리스크를 떠안아 보지 않겠는가? 올바른 위기의식에 기초를 두되, 지금 움직이지 않으면 미래는 결코 밝을 수 없다.

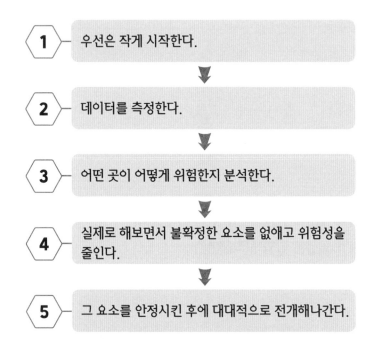

1 – 우선은 작게 시작한다.

2 – 데이터를 측정한다.

3 – 어떤 곳이 어떻게 위험한지 분석한다.

4 – 실제로 해보면서 불확정한 요소를 없애고 위험성을 줄인다.

5 – 그 요소를 안정시킨 후에 대대적으로 전개해나간다.

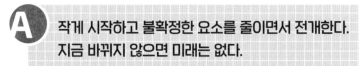

A 작게 시작하고 불확정한 요소를 줄이면서 전개한다.
지금 바뀌지 않으면 미래는 없다.

Q27 연차조차 쓰기 힘든 분위기의 회사라면?

있으나 마나 한 제도를 개선하는 법

복지와 업무 효율을 높이기 위해 마련되었음에도 재택근무제도나 유급휴가를 쓰기란 사실상 쉽지 않다. "우리 회사의 재택근무제도는 있으나마나예요", "유급휴가를 쓰기가 너무 눈치 보여요"처럼 갖춰진 제도를 제대로 활용하지 못하는 직장이 많다.

상사가 솔선해서 제도를 활용하지 않으면 부하는 그 제도를 활용할 수 없다. 유급휴가 취득, 남성의 육아휴직 취득, 재택근무제도의 활용 등이 그 전형적인 예다. 부하가 좀처럼 활용하지 못한다고 고민하는 상사는 우선 그 제도들을 스스로 실천하고 활용해 장점이 무엇인지 실감해보고 최대한 활용하도록 추천하는 것이 중요하다.

'재택근무제도로 업무의 생산성은 오르는가?'라는 문제도 자주 이슈화된다. 가능하면 전원이 체험해보고 집에서 생산성이 오르는 업무내용과 그렇지 않은 업무내용을 나눌 필요가 있다.

직원이 자유롭게 스스로 균형을 유지하는 것이 이상적이다

아마존은 미국기업이라서 가족과의 시간을 소중히 여기는 문화가 뿌리 박혀 있다. 직원에게는 가족과의 시간을 당연히 우선시해야 한다는 사고가 있다.

제프 베조스 자신도 예외는 아니다. 전에 오랫동안 별거했던 부인과 이혼이 성립됐다는 뉴스가 보도됐지만, 제프 자신은 아이들과의 시간을 굉장히 소중히 여기는 것 같았다.

시애틀 본사의 부사장에게 들은 이야기가 있다. 어느 날 아침 8시부터 시작되는 본사의 중역회의에 제프가 45분 늦게 온 적이 있었다고 한다. 그때의 변명이 "미안하네. 아이의 숙제를 봐주는 데 시간이 걸려 지각하고 말았네"였다고 한다.

'아이 숙제 때문에 45분이나 어른들을 기다리게 한다는 게 말이 되는가?'라는 사람과 '기업의 총수인 CEO니까 용납되는 일이지요'라고 생각하는 사람도 있을지 모르지만, 적어도 제프가 '아이와 함께 있는 시간 쪽이 일하는 시간보다 우선순위가 높다'라고 생각하는 증거가 아닐 수 없다.

또한 제프가 하루 8시간의 수면 시간을 반드시 확보한다는 일화도 널리 알려져 있다. 그렇지 않으면 머리가 멍해지고 창조적인 아이디어나 결단을 내리지 못한다는 사실을 스스로 잘 알기 때문이다. 그렇다고 제프나 아마존이 직원에게 가족 중심의 생활이나 수면 시간 확보를 강요하는 것은 아니다.

더불어 그는 '일과 삶의 균형'이라는 말을 쓰지 않고 '일과 삶의 조화'라는 말을 즐겨 쓴다. 왜냐하면, 큰 프로젝트를 궤도에 올릴 때나 크리스마스 시즌처럼 바쁠 때는 부서나 업무내용에 따라 일을 많이 해야 하는 시기라는 사실을 알고 있기 때문이다.

일을 줄이고 일 이외의 시간을 확보하는 것이 아니다. '일할 땐 벅차도 최선을 다하고, 쉴 땐 모든 것을 잊고 쉰다'처럼 일과 일 이외의 시간을 전체적으로 조화롭게 보내는 것이 중요하다는 생각이다. 즉 직원에게 자율성을 준다. '일과 삶의 조화'라는 사고방식은 현재 아마존 직원들 사이의 키워드가 돼 있다.

따라서 제도는 있지만 활용하지 못할 때는 우선 전원이 제도를 체험해본다. 그런 다음 최종적으로 어떤 스타일로 일할지 결정하는 것은 개인의 몫으로 남겨두는 것이 바람직하다. '회사에 오래 있으면 있을수록 월급이 오른다'라는 이유로 사무실에 남는 것은 그만둬야 하고 인정하지 않는 편이 좋다. 그런 안이한 생각에 빠져 있으면 어느 날 갑자기 그 사람에게 부탁할 수 있는 일이 없어질 수가 있다.

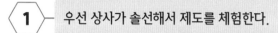 우선 상사가 솔선해서 제도를 체험한다.

 가능한 멤버 전원이 체험해본다.

 체험을 기초로 생산성이 오르는 업무내용과 그렇지 않은 것을 구분한다.

 그다음 최종적으로 어떤 스타일로 일할지는 개인에게 맡긴다.

 상사가 솔선해서 활용하고 전원이 체험한다. 그다음 일하는 방식은 각자의 재량에 따른다.

Q28 젊은 직원이 무슨 생각인지 알 수 없을 땐?

세대 간의 가치관 차이를 줄여나가는 법

'새로 들어온 젊은 직원이 무슨 생각을 하는지 전혀 알 수가 없어', '꼰대 상사와는 절대로 회식하고 싶지 않아'처럼 세대 간의 골은 예전보다 점점 심해지고 있다. 사실 세대 차이는 아주 오래전부터 있어왔던 문제다. 오죽하면 이집트의 고문서에 "요즘 젊은이들은 말이야"라는 문구가 남아 있겠는가.

아마존은 세대 간 문제를 업무시간 안에 '목표를 달성한다'와 '리더십이념에 따라 행동한다'라는 기준에 맞춰 해결한다. 직원들이 제대로 업무를 수행한다면 신세대든 구세대든 어떤 가치관을 갖고 있어도 상관없다고 본다.

세대 간의 가치관 차이는 당연히 존재하며 나라마다 가치관도 크게 다르다. 하지만 함께 일하는 동료라면 '그 가치관은 확실히 일리 있네'라고 존중한 후에 '우리는 무엇을 할 수 있을까?'를 생각하고 실행에 옮기는 것이 좋다.

● 다양성은 실천하는 것이 아닌 단순한 결과다

나는 '다양성'이라는 말에 강한 거부감을 느낀다. 아마존을 퇴사한 후에 대중매체 기자들로부터 "아마존은 다양성을 실천하고 있는 회사입니까?"라는 식의 질문을 받은 적이 있다.

그런데 아마존 직원은 나를 포함해서 딱히 다양성을 의식한 적이 없다. 국적도 다르고 종교도 다르고, 성별도 다른, 다양한 배경을 지닌 사람이 다양한 능력을 갖추고 함께 일하는 것이 기업이라는 집단이다.

이 사실은 지극히 당연한 것이라서 아마존에서 "여성 간부직원의 비율을 높이자"라고 말하는 사람을 만난 적이 없다. '능력을 갖춘 사람이 어쩌다 보니 남성 100퍼센트일 수도 있고 반대로 여성이 100퍼센트가 됐다면 어쩔 수 없는 일이 아닌가'라는 사고방식이다.

기업이 여성직원을 지원하는 프로젝트를 펼치는 순간 모든 것이 제대로 돌아가지 않으리라고 생각한다. 무리하게 부자연스러운 결과를 추구하려고 하기 때문이다. 그보다는 어떤 배경을 가졌든 능력이 있는 사람이 승진할 수 있는 공명정대한 시스템을 만드는 것에 주력해야 일하기 수월해질 것이다.

'고객을 어떻게 만족시킬 수 있을까?'라는 공동목표에 집중한다

배경이 각자 다른 사람들의 유일한 공통점은 '고객의 존재'다. '어떻게 하면 고객의 만족도를 더 높일 수 있을까?'를 늘 염두에 두고 자신들이 변화를 거듭해가다 보면 아마존이라는 조직은 하나에 집중한다.

물론 격한 토론을 할 때도 있다. 하지만 토론할 때, '나는 이렇게 생각한다'라는 내면에서 솟아오르는 고유의 가치관을 서로 부딪치면 안 된다. 그렇게 하면 토론은 평행선인 채로 머문다. '고객은 어떻게 하면 만족하는가?'라는 시야에서 의견을 내야 하나의 결론에 도달할 수 있다.

'세대 간의 교류가…', '여성 활약의 장이…'라는 내부적인 토론이 시작되려고 하면 고객이 그런 사내조정을 바라고 있을지 고려해 보라. 고객만족도 향상이라는 '북극성'은 쫓아도 쫓아도 늘 멀어지는 존재다. 그 손으로 잡을 수는 없다.

'고객을 어떻게 만족시킬 수 있을까?'를 늘 고민하게 만드는 환경을 만드는 편이 세대 차이나 가치관의 차이를 신경 쓰지 않고 직원 간에 질적인 의사소통을 자연스럽게 취할 수 있게 한다.

고객

가치관이 각자 다른 것은 당연하다.
고객을 기준으로 하나에 집중하는 것이 좋다.

 가치관의 차이를 메우는 것이 아니라 고객을 위해
하나에 집중한다.

COLUMN

아마존은 F1을 달리면서 정비한다

"아마존은 F1을 달리게 하면서 수리하고, 게다가 정비도 하는 회사입니다." 아마존에서 재임했을 때 내 직속 상사이자 현재는 아마존 재팬의 사장직을 맡은 제프 하야시다가 아마존이라는 회사를 설명할 때 자주 했던 말이다.

나는 이 말을 들을 때마다 늘 훌륭한 표현이라고 감탄했었다. 아마존은 그 속도를 일분일초도 늦추지 않고 계속해서 급성장하고 있는 회사다. 아마존 사이트는 더욱 사용하기 쉽도록 연간 몇천, 몇만 번의 업데이트를 한다. 그 업데이트는 고객에게 되도록 폐가 되지 않도록 현재의 시스템을 가동하면서 실시하고 있다.

창고도 마찬가지다. 창고를 신설하고 오래된 창고에서 일부 짐을 이동시킬 때도 고객에게 피해가 가지 않도록 입출하 작업에 지장이 없도록 처리한다.

고속으로 달리는 F1 레이싱카도 경주 중에 잠시 멈춰서 타이어를 교체하면서 달린다. 하지만 아마존에서는 수리도 정비도 달리면서 하는 셈이다.

Amazon's
GREATEST
SOLUTIONS

8장

아마존만의
업무 보고 프로세스

직원이 스스로 선의를 발휘하도록
과학기술을 적극 활용한다

'결재에 쓸데없이 시간이 많이 걸린다면?', '회사의 정보화가 뒤처져 업무가 원활히 진행되지 않는다면?' 이런 문제를 안고 있는 기업은 '기업의 체계화'가 잘 갖춰져 있는지 점검해봐야 한다. 그렇다면 아마존이 생각하는 기업의 체계는 무엇일까?

'선의만으로는 충분치 않다. 체계를 만드는 것이 중요하다.'

이것은 창업자이자 CEO인 제프 베조스가 우리 직원에게 자주 했던 말이다. 차가운 말처럼 들리지만, '선의'만으로 직원은 계속 일할 수 없다. '체계'를 토대로 직원의 '선의'가 발휘된다'는 의미라고 해석했다.

직원의 선의는 서비스 정신이라고도 할 수 있다. 서비스 정신은 나도 대단히 좋아하지만, 관리 문제를 가리기 위한 것처럼 느껴질 때도 있다.

자신들이 원래 해야 할 '체계 조성'을 게을리하는 것을 직원들이 깨닫지 못하게 하려고 직원에게 서비스 정신을 강조하고 있는 것은 아닌지 생각해봐야 한다. 그 상태로 가다가는 선의가 넘치는 우수한 직원일수록 심신이 지쳐 그만두고 만다.

'어떻게 하면 직원이 선의를 발휘할 수 있는 환경이 될까?'라고 관리자는 신중하게 생각해야 한다. 결재 과정의 단축화 같이 직원의 불필요한 수고를 덜어줄 수 있는 일은 많이 있다.

또한, 체계화할 때 과학기술을 유효하게 활용했으면 한다. 컴퓨터는 기본적으로 전달받은 일밖에 하지 못하지만 때로는 인간이 범하기 쉬운 부주의한 실수를 막아준다.

아마존에서는 창업 당시부터 기술로 대체할 수 있는 모든 것은 대체한다는 태도로 개선을 추구하고 있다. 미국의 아마존 창고는 그 주요과정을 로봇이 맡게 됐는데 이 또한 당연한 수순인 것이다.

결재에 시간이 걸려 실행이 늦어진다면?

"결재 하나를 받으려면 몇 명, 몇십 명의 승인이 필요합니다", "돈이 많이 들어가는 큰 프로젝트는 전자결재보다 상사의 도장을 직접 받아야 합니다" 등, 이처럼 결재에 관한 에피소드는 다양하다. 결재 하나에 상사의 도장이 여러 개 필요하다면 그 회사는 과연 효율적인 회사라고 말할 수 있을까?

아마존은 신속한 결재를 중요시한다. 같은 결론에 이를 것이라면 빠르게 처리하는 편이 당연히 좋다. 그것이 고객을 위한 것이기 때문이다. 내가 알고 있는 사례로 10억 엔(약 114억 9,280만 원)의 결재가 불과 이틀 안에 통과된 적이 있다. 이것은 고객의 만족도를 낮추지 않고 배송료를 크게 줄일 수 있는 획기적인 아이디어였다. 회계 부서와 오퍼레이션 부서가 협력해서 단숨에 결재를 처리하고 주요 창고에서 바로 도입했다.

아마존에서는 대규모의 프로젝트 결재뿐 아니라 모든 업무의 결단을 최대한 신속하게 실시한다. 그 열쇠를 쥐고 있는 시스템은 약 세 가지 정도가 있다.

① 계급이 적은 종적인 조직편성
② 피자 2판 룰
③ 권한위임

①에 관해서는 기업 전체의 큰 규모지만 ②나 ③은 어느 직장에서나 활용할 수 있는 비교적 작은 규모에 해당한다.

CEO인 제프 베조스까지 거리가 가까운 조직편성

우선 ①의 계급이 적은 종적인 조직편성에 대해서 살펴보자. 아마존은 부서마다 종적인 조직편성으로 돼 있다. 시애틀의 미국 본사가 기본적으로 결재권한을 가지고 있고 일본의 소매 웹사이트인 아마존 재팬 사이트의 시스템 변경은 대부분 미국의 엔지니어가 하고 있다.

수뇌로 CEO인 제프 베조스, 그 밑으로 각 부서의 결재권자인 시니어 바이스 프레지던트(SVP), 그 아래로는 바이스 프레지던트(VP =

세계 각국 지사, 해당 부서의 수장), 그 밑으로 디렉터, 시니어매니저, 매니저로 이어진다(자료 1 참조).

아마존 재팬에는 두 사람의 사장이 있다. 재스퍼 챈(소매 및 서비스 담당)과 내 직속상관이기도 했던 제프 하야시다(창고 및 고객서비스, 공급망 관리 등을 담당)다. 그들 2명의 일본 사장의 직함은 VP다. 내 마지막 직함은 디렉터로, 조직도상으로는 CEO인 제프 베조스보다 3단계 아래였다.

또한, 오퍼레이션이나 소매부서 등 각 부서에 전문 인사부와 재무부가 있는 것도 큰 특징이다. 다른 부서의 상황에 영향을 받는 일 없이 부서 단위로 사람이나 돈 이야기를 인사부나 재무부와 잘 파악할 수 있다. 중요한 것은 비즈니스로서 비용 대비 효과가 있는가 아닌가뿐이다. 여기에서 결재자의 승인이 나면 바로 'GO!'다.

● 복잡한 계급체계는 변화에 미처 대응하지 못한다

다음으로 ②의 '피자 2판 룰'에 바탕을 둔 팀 편성이다. 매일 업무의 의사소통을 최소로, 그리고 신속하게 하는 데 있어서 필요한 것은 '최적의 인원으로 팀을 편성하는 것', '문제에 직면하고 있는 사람으로 편성하는 것'이라고 제프 베조스는 생각했다.

그는 이미 90년대 말에 '복잡한 계급체계를 가진 조직에서는 변화에 미처 대응하지 못한다'고 말했다. 특히 과학기술 개발 분야에서는 자율적인 행동부대만 있으면 되고 그 부대를 관리하는 사람은 필요 없다고 생각했다.

2002년에 들어서자 제프는 직원 수가 늘어 계급체계가 복잡해지기 시작한 아마존 조직을 '피자 2판 팀'으로 회사 전체를 재편하겠다는 아이디어를 내놓았다. '피자 2판'이란 야식으로 피자를 주문할 때 2판을 주문하면 전원이 배부를 정도의 인원이라는 뜻이다. 5~6명 정도, 많아도 10명 미만이다. 프로젝트팀의 인원이 10명을 넘으면 속도감 있는 행동을 취하기 어렵다.

현재 피자 2판 룰에 의한 팀 편성은 시애틀 본사의 개발팀에만 남아 있고 회사 전체로 보급되지는 않았다. 그러나 세계 각국의 아마존에서 직원의 자율적인 행동을 막는 복잡한 계급체계를 만들지 않도록 주의하자는 강한 의식이 늘 작용하고 있다.

● 부하에게 최대한 권한을 위임하는 것도 하나의 방법이다

마지막으로 ③의 권한위임에 대해서다. 아마존에서는 자신이 사무실에 없는 동안, 업무는 다른 사람에게 결재권을 위임하는 체계가 잡혀 있다. 예를 들면 100만 원짜리 결재권한을 자신이 가지고 있다고 치면 신뢰할 만한 부하에게 "50만 원까지는 자네의 재량으로 사용해도 되네. 위임할 테니. 다만 보고는 제대로 해주게"라는 식이다.

부하로서는 자유롭게 아이디어를 내서 예산을 쓸 수 있으니 보람도 느낄 수 있고, 성장도 할 수 있다. 이때 주의할 점은 문제가 발생했을 때다. 권한을 위임한 상대의 책임으로 하지 않고, 위임한 측이 반드시 대응하는 것이 원칙이다.

결정까지의 과정을 복잡하게 만들어 실수가 없는 결정을 내리는 것이 아니라 신속하고도 훌륭한 결정을 내릴 수 있는 체계를 만들었으면 한다.

⟨1⟩ 계급이 적은 종적인 조직편성

⟨2⟩ 문제를 풀어갈 최적, 최소의 사람으로 팀을 편성

⟨3⟩ 부하에게 권한을 위임

A 고객에게 도움이 되지 않는 과정을 생략하고, 신속하게 결정할 수 있는 체계를 만든다.

Q30

IT와 자동화에 뒤처져 업무시간이 낭비되고 있다면?

IT와 자동화를 따라가는 법

"IT 지식이 없는 세대에 맞추기 때문에 정보화가 전혀 진행되질 않아요", "컴퓨터로 간단하게 할 수 있는 작업인데 일부러 수작업으로 하고 있어요"라는 소리를 하는 직장인이 아직도 있다. 격동의 시대에 발맞추어 남들은 정보화, 자동화에 눈을 돌리고 있는데 우리 회사만 여전히 불필요한 시간과 노력을 들이고 있다면 큰 문제가 아닐까?

아마존에서는 '체계를 만들라. 그리고 과학기술로 교체할 수 있는 것은 모두 교체하라'라는 방침에 철저하다. 인간이 본래 해야 할 일은 과학기술이 대신할 수 있는 영역이 아니라 그 위의 단계에 있다고 생각하기 때문이다. 그래서 지금까지 인간이 해오던 업무를 로봇이 하는 것에 조금의 망설임도 없다.

2016년에 일본 가나가와 현 가와사키 시에 완성된 창고에서는 2012년에 아마존이 매수한 로봇 물류시스템인 키바 시스템즈의 로봇 '아마존 로보틱스'를 도입했다. 청소로봇을 크게 만든 듯한 모양의 로봇이 창고 안을 돌아다니면서 물건을 가져다준다. 지금까지 인간의 손으로 하던 작업이 단숨에 로봇으로 대체되는 시대가 온 것이다.

그 수고와 비용에 고객은 기꺼이 돈을 내고 싶을까?

아마존에서는 최대한 정보화, 자동화하려고 한다. 내가 아마존 재직 중이던 2010년 무렵부터 인사부의 바이스 프레지던트가 "면접 없이 우수한 인재를 채용하려면 어떻게 하면 좋을지 생각해보자"라는 말을 자주 했었다.

AI가 발달한 요즘이라면 다양한 정보를 컴퓨터가 분석해서 면접 없이 채용하는 단계로 한 단계 진보했을 것 같다. 앞에서 언급했지만, 아마존에서는 사내결재도 지연되지 않고 자동승인될 것이다.

요건의 충족여부, 비용 대비 효과를 기대할 수 있는지 등을 알면 충분하다. 이미 컴퓨터에 의한 자동융자가 실행되고 있는 현실이다.

왜 아마존은 최대한 정보화, 자동화하려는 것일까? 그것은 이 책에서 몇 번이나 강조한 대로 '우리가 시간과 노력을 들였더라도 그 시간과 노력에 고객이 돈을 내고 싶은 것은 아니지 않은가?'라는 사고방식에 있다.

오해하지 않게 설명하겠다. '시간과 노력'이라고 해도 두 종류로 나눌 수 있다. 맛있는 쌀을 만들기 위해 농부들이 시간과 노력을 들인다. 이 시간과 노력은 고객에게 고마운 시간과 노력이다.

하지만 컴퓨터로 하면 몇 분 안에 끝나는 것을 며칠씩 걸려서 수작업으로 하는 시간과 노력은 오히려 고객의 만족도를 낮추는 시간과 노력이라고 할 수 있다.

아마존이 줄이고 싶은 것은 물론 후자다. 줄인 시간과 노력을 가격 인하나 다른 형태로 고객에게 환원하고 싶기 때문이다.

아마존에는 '근검절약'이라는 말이 뿌리내려 있다. 이는 리더십 이념 제10항에 있는 말이다. 제프 베조스는 우리에게 자주 '올바른 것에 돈을 써라'라는 말을 자주 했는데, 이 말이 훨씬 와닿는 '근검절약'의 뜻이다. 낭비는 하지 않되 비용 대비 효과가 기대되는 곳에는 돈을 제대로 사용하는 것이 '근검절약'이다.

컴퓨터나 스마트폰에 돈 쓰기
꺼리는 기업이 아직도 많다

아마존 퇴사 후 다양한 기업의 실태를 들어보면 돈 쓰기 아까워하는 기업도 많은 것이 현실이다. 그 현저한 예가 컴퓨터나 휴대폰 도구다.

아마존에서는 컴퓨터를 빈번하게 교체했다. 나 역시 15년 재직하는 동안 7번, 2년에 1번은 회사에서 교체해줬다. 컴퓨터 교환은 비용 대비 효과가 높다는 사실이 분명했기 때문이다.

그런데도 "회의가 많은데 데스크톱밖에 주지 않는다", "한 사람당 1대가 아니라 공용컴퓨터를 사용하고 있다", "몇 년 전 노트북을 아직도 쓰고 있어서 잘 멈춘다", "회사에서 지급한 저렴한 휴대폰을 사용하고 있어서 오작동이 많다"라는 말을 듣곤 한다.

기업 측에서 돈을 아끼기 때문인데, 현장은 그저 참고 있을 뿐이지 개선되는 것은 아무것도 없다. 이럴 때는 회사와 교섭해서 바로 좋은 것으로 교체해 받도록 하자.

다만 회사와 교섭할 때 아래와 같은 순서로 비용 대비 효과를 나타낼 것을 추천한다.

우선 컴퓨터나 스마트폰을 교체하면 생산성이 오른다는 것을 숫자로 증명한다. 가령 하루 15분 멈추는 컴퓨터를 사용하고 있다고 상정해보자.

① 만일 자신의 시급이 2만 원이라고 가정하면, 매일 5,000원의 손실이 난다. 이를 1년에 250일 일한다고 치면 5,000원×250일=125만 원이 된다.

② 최신 컴퓨터를 도입해서 현재보다 처리속도가 10퍼센트 상승했다고 치자. 단순계산으로 시급 2만 원×1일 8시간×250일×0.1=400만

원의 생산성 향상이 기대된다.

즉, ①과 ②를 합산한 525만 원의 생산성을 기대할 수 있다.

다음으로 컴퓨터의 시장가격을 조사한다. 필요충분한 기능을 갖춘 컴퓨터가 100만 원이라고 치자. 마지막으로 기대되는 생산성에서 컴퓨터 가격을 제한다. 그러면 결과는 425만 원이 된다.

"낡아서 사용하기 힘드니 컴퓨터를 교체해달라"라고 교섭하는 것이 아니라 "컴퓨터를 교체하는 것만으로 연간 425만 원이나 생산성이 오르기 때문에 교체해줬으면 한다"라고 교섭하는 편이 설득에 성공할 가능성이 크다.

나아가 연간 비용 대비 효과를 나타내는 것이 중요하다. 기간이 너무 길면 제안을 받는 측도 선뜻 와 닿지 않는다. "단 1년 안에 큰 이익을 회사에 오겠다"라고 제안하는 편이 훨씬 승인이 쉽게 난다.

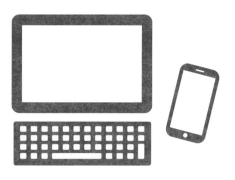

컴퓨터같이 비용 대비 효과가 높은 것에는
돈을 바르게 사용해야 한다.

 비용 대비 효과를 보여주면서 교섭하고, 하루빨리
정보화, 자동화를 추진하자.

아마존의 되돌아보기 시스템, 포스트모템

아마존에서는 어떤 프로젝트가 끝나면 반드시 '포스트모템Post-mortem', 즉 사후분석을 실시한다. 이는 리뷰의 하나로 PDCA 프로세스의 C와 A에 해당한다. 어느 부서나 예외가 없다.

내가 가장 오랫동안 재직했던 오퍼레이션 부서에서의 최대의 포스트모템은 입출하가 절정을 맞이하는 휴가시즌(크리스마스~새해)을 마친 다음이다. 우리는 휴가시즌을 넘기 위한 대책을 '휴일 계획'이라고 불렀다. 전국의 현장 소장 이외에 수십 명을 전화로 연결해서 휴일 계획을 검증한다. 현장 소장들을 중심으로 '어떤 점이 잘 됐는가?', '어떤 점이 좋지 않았는가?', '다음에는 어떻게 해야 하는가?'를 공유한다. 2시간 정도에 걸쳐 차근차근 진행하고 문서로도 남겨놓는다.

그리고 다음 휴일 계획이 시작되기 전에는 현장 소장들이 대화할 기회를 만든다. 지난번에 작성한 문서를 재검토하기 위해서다. 문서를 보면서 대책을 하나하나 빈틈없이 행동으로 옮긴다.

Amazon's
GREATEST
SOLUTIONS

9장

아마존이 새로운
트렌드를 찾는 법

직원에게 선택받는 회사가
고객에게도 선택받는다

나는 최근 몇 년간 '고객과 기업의 거리가 상당히 좁혀졌다'고 느낀다. 더 쉽게 표현하면, '기업 내부에서 일어나는 일 모두가 고객에게 전달되는 시대'가 되었다. 인터넷이 발달하면서 누구나 SNS를 통해 정보를 주고받을 수 있는 시대가 되었기 때문이다.

사내 정치, 파벌경쟁, 성과 없는 회의 같은 고객에게 득이 되지 않는 내부의 현실까지 고스란히 고객에게 전달된다. 아무리 광고에서 회사의 훌륭한 이미지를 선전해도 현실은 이길 수 없다. 오히려 이미지와 현실 사이의 차이가 크면 클수록 고객은 환멸을 더 느낄 것이다.

인간의 평균수명이 늘어 인생 100세 시대에 접어들었다. 더구나 아이를 낳지 않는 초고령화 사회로 돌입하고 있다. 그런 새로운 시대에 기존의 사고방식대로 일을 추진하면 고객들로부터 외면당할 수도 있다.

그것은 기업으로서 존속할 수 없다는 것을 의미한다. 아마존에는 '직원도 고객'이라는 사고가 뿌리내려 있다. 이것은 직원에게 선택받지 못하는 회사는 고객에게도 선택받지 못할 것이라는 의미도 포함한다.

'가족을 돌보지 않으면 안 되는데 재택근무를 인정받지 못한다', '아이의 교육자금을 모으고 싶은데 부업이 허용되지 않는다'와 같은 고민을 안고 있는 직장인은 '시대는 변하고 있는데 내부 규정에 속박돼 있다. 자기답게 일할 수 없으니 이 회사는 필요 없어'라고 포기하고 회사를 떠날 것이다.

아마존에서는 재택근무나 부업은 '아마존에서의 업무에 지장이 없다면 물론 가능하다'라는 입장이다. 그것이 어떻게 가능하냐면 직원에게 수치목표가 주어져 있기 때문(2장 참조)이다.

수치목표관리를 도입해서 직원의 자유를 확보한다. 우선은 자신의 권한이 미치는 범위부터 바꿔 나가면서 새로운 시대를 향한 적응력도 키워 나가자.

Q31 새로운 시도를 꺼리고 정체된 회사라면?

신기술 교육이 잘 안 되는 문제해결법

'정년까지 앞으로 몇 년밖에 안 남았는데 새삼스럽게 새로운 것을 배우고 싶지 않아', '이 나이 되도록 해온 업무 외에 다른 일은 못 하지'처럼 배우고 경험하는 것에 저항감을 나타내는 사람이 많은 직장이 있다. 마음속에는 '지금껏 어떻게든 해왔잖아'라는 낙관론이 있을지도 모르지만 현실은 절대 그렇지 않다.

아마존에서는 직원의 '현재 상태로 만족한다'는 자세를 리더십 이념의 제5조 '배우고 흥미를 가진다'로 경계하고 있다.

이 조항은 14개 조항 가운데 가장 새로운 항목으로 2015년에 조항이 개정되면서 추가됐다. 회사가 크게 성장한 이후에 입사한 직원들이 배우려는 마음과 진화하려는 정신을 소중히 해줬으면 하는 바람에서 리더십이념을 만든 시애틀 본사의 간부들이 추가했다.

창업 시 호기심과 도전정신을 가진 사람들이 다양한 시행착오를 거친다. 그 무렵에 뿌린 씨앗이 이제 겨우 꽃을 피우는 것이다. 그런데 안정된 시대에 입사한 신입사원은 그들의 노고를 전혀 알지 못한다. 아무런 조처를 하지 않으면 자신의 이익만을 생각하는 사람이 늘어날 가능성도 있다.

'과거에 누군가가 뿌려준 씨앗에서 핀 꽃으로 편하게 돈 벌지 말라. 어떤 시대든지 늘 당신 자신이 씨를 뿌리는 사람이 돼라'라는 요지의 경종을 울린 것이다. 그 열쇠는 바로 배움이다.

⦂ 인생 100세 시대는 여러 단계를 사는 시대다

영국의 경영학자 콤비가 세계적인 베스트셀러 《100세 인생》에서 '인생 100년 시대'라는 말을 제창했다. 그들의 주장을 내 나름의 표현으로 바꾸면 '평균수명 80세 인생은 교육-일-노후의 3단계로 생각하면 됐다. 하지만 평균수명 100세의 인생은 교육과 노후 사이에 몇 단계가 더 존재한다'라는 것이다.

앞으로는 졸업해서 취직한 직장에서 정년퇴직 때까지 일하는 것으로 끝나지 않는다. 지금과는 완전히 다른 3~4번 경력을 변경하는 삶이 주류가 될 것이다.

활동 무대를 바꿔 새로운 일을 하게 되면 당연히 새로운 배움이 필요하므로 우리는 배우다-일한다-새롭게 배우다-새로운 무대에서 일한다-새롭게 배운다-새로운 무대에서 일한다…를 반복하게 된다.

이 책을 읽고 있는 여러분은 인생 80세 시대와 100세 시대의 중간에 있는 사람들이 대부분이 아닐까? 그렇다면 배움은 앞으로의 인생을 풍요롭게 하는 키워드가 될 것이다.

아마존에서는 고객에 대한 흥미가 배우려는 의욕의 원천이 됐었다. 뭔가에 흥미를 느끼고 있을 때, 나는 문득 '고객에게 이런 기쁨을 돌려줄 수 있을까?'라고 아이디어가 떠올랐던 적이 있다.

아마존을 떠난 지금도 고객의 입장에서 생각하는 것이 습관화돼 있다. 나는 집에 친구들을 불러 바비큐 파티를 여는 것을 좋아하는데 '초대한 사람들에게 최고의 대접을 하려면 어떻게 하면 좋을까?'를 고민한다. 그래서 고기 선택부터 양념 방법, 같이 먹을 요리 선택, 깜짝 연출해줄 아이디어 등의 여러 가지를 공부하거나 생각한다.

나는 자신의 흥미나 관심사를 기쁘게 해주고 싶은 상대와 연결되면 배움이 한층 즐거워진다고 믿는다. 그 배움을 통해 만난 사람은 우리 인생의 폭을 더 넓혀줄 것이다.

인생 100세 시대

새로운 무대에서 일하다

새롭게 배우다

새로운 무대에서 일하다

새롭게 배우다

일하다

배우다

 자신의 흥미나 관심사를 기쁘게 해주고 싶은 상대와 연결해서 다시 배운다.

Q32 가족 문제로 고민하는 직원이 많다면?

직원의 복지를 해결하는 법

"어린이집에 다니는 아이가 열이 나서 간호할 사람이 필요해요", "아픈 어머니를 돌볼 사람이 저밖에 없어요" 등, 대가족이었던 시대를 지나 어느새 4인가구도 별로 없는 1인가구가 대세인 시대가 왔다. 시대가 바뀌고 사람들의 라이프 스타일이 달라지면 업무형태에도 변화가 필요하다. 재택근무와 같은 제도를 적극 검토할 시대가 온 것이다.

사무실에서 직접 얼굴을 마주하고 의사소통을 하는 것도 물론 장점이 있다. 하지만 그것이 다는 아니라는 사고방식도 필요하다.

아마존에서는 집에서 근무하는 것을 'WFH Work From Home'라고 부른다. 브로드밴드 회선이 정립되고 집에서 컴퓨터로 쉽게 일할 수 있게 된 무렵부터 재택근무는 아마존에서 극히 일상적인 것이

됐다.

예를 들면 출근해야 하는 날 아침, 아이가 열이 났다고 치자. 그럴 때 매니저에게 "아이가 아프니 오늘은 재택근무하게 해주세요"라고 메일로 연락한다.

그때 "재택근무 중이지만 전화와 메일은 언제든지 받을 수 있고, 전화회의에도 참여 가능합니다"와 같은 내용을 명기한다. 그 결과 돌발적인 재택근무일지라도 다른 직원들과 협력해서 별 지장 없이 업무를 진행할 수 있다.

원래 아마존 재팬은 미국의 시애틀 본사와 빈번히 전화회의 등으로 연락을 주고받고 있다. 그래서 한 자리에 없는 사람들끼리 의사소통을 하는 상황이 지극히 자연스럽기에 재택근무에 아무런 저항감이 없다.

가족을 소중히 하는 기업문화가 있다

아마존은 미국기업이라서 '가족과의 시간을 소중히 하자'는 기업문화가 있다. 내가 예전에 멀리 떨어진 변두리 창고 설립 책임자로 분주하게 지낼 무렵이다. 당시 시니어 바이스 프레지던트가 일본을 방문했을 때, "마사(이렇게 불리었다), 집에서 여기까지 어떻게 다니고 있는가?"라고 질문했다.

그래서 "여기에서 전철로 2시간 거리라서 근처에 아파트를 빌려서 혼자 지내고 있습니다"라고 대답하자 그는 소스라치게 놀랐다.

나는 "지금 일이 바빠서 그렇습니다. 스스로 원한 거고 가족들도 이해해줍니다"라고 말했지만, 나중에 듣자 하니 시니어 바이스 프레지던트가 내 상사에게 "마사가 즉시 가족과 함께 살 수 있도록 해주고 싶다"라고 말했다고 한다.

● 재택근무는 수치목표와 함께 기능하다

그렇다고 해서 부모를 돌보는 직원에게 수당이 나오거나 육아를 하는 직원에게 단축 시간제 근무제도가 있는 건 아니다. 직원이 어떤 상황이든 자신에게 주어진 목표를 달성해주면 그것으로 괜찮다는 태도다.

"어린이집에 매일 데려다주고 데리고 오는 거 힘들지요? 근무 시간은 짧게 해도 괜찮아요"라고 회사 측이 배려하는 것이 아니라 "생활방식에 맞춰 스스로 근무하는 방법을 연구하세요. 그중 하나로 재택근무도 상관없어요"라는 입장이다.

즉 수치목표가 각자에게 주어져 있는 것이 자유로운 업무방식을 선택할 수 있는 기반이다. 물론 창고 현장 매니저처럼 입장이나 역할에 따라서 반드시 현장에 있어야 하는 사람은 예외다.

최종 목표는 사무실 출근율이 아니라 목표를 달성해주는 것이다. '사무실에 없다=일을 하지 않는다'는 편견은 이제 졸업할 때가 됐다.

수치목표를 만든다.

 목표를 달성해주면 어떤 근무방식이든 OK!

이런 체제를 확립한다.

A 수치목표를 설정하고 목표를 달성하기만 하면
괜찮다는 업무방식으로 바꾼다.

Q33 부업을 인정해야 하나? vs 인정하지 말아야 하나?

부업을 어디까지 허용할지 문제해결법

"낮에는 회사 업무를 보고 밤에는 부업으로 대리운전을 해요", "유튜버로 활동하며 회사에 지장을 주지 않는 선에서 부수입을 얻고 싶어요"라고 하며 자아실현의 욕망, 부수입의 욕망을 실천하는 직장인이 늘고 있다. 회사는 이들의 욕망을 어디까지 허용할 수 있을까? 시대의 흐름에 뒤처지지 않고도 회사의 업무에 방해되지 않는 선택은 있는 걸까?

아마존에서는 기본적으로 부업을 인정해준다. 더 정확히 표현하면 아마존에서의 업무에 지장이 없다면 어떤 일이든 상관없다는 태도다.

실제로 아마존에 근무하면서 자신의 회사를 경영하는 사람도 있었고 부동산을 소유하고 운영하는 사람도 있었다. 서양에서는 주

40시간 근무가 정해져 있다. 수치목표가 명확한 기업에서는 지극히 자연스럽게 부업을 하곤 한다.

● 하나의 영역에서의 경험이 다른 영역에서의 질을 높여준다

직장인이 부업을 하는 이유로 한 회사의 급여만으로는 먹고 살 수 없다는 금전적인 경우도 있지만 '인생에서 여러 가지 경험을 해보고 싶다'라는 이유도 많다. 이 사고방식은 인생 100세 시대를 맞이한 지금의 시대에 정열적으로 일하는 직장인의 풍조가 되지 않았나 싶다.

예를 들면, "나는 금융계 기업에 일하면서 월급을 받고 있지만, 오래전부터 자연환경 보호에 굉장히 흥미가 있어서 주말에는 자연환경 관련 비영리단체에서 일하고 있습니다", "지금은 기계 제조사에서 일하고 있지만, 원래는 가르치는 일을 해보고 싶었기에 근무시간 이외에 아이들을 위한 학원을 열기로 했습니다."라는 식이다.

나도 현재 경영 컨설턴트 일을 하면서 좋아하는 일식(특히 초밥) 출장요리 서비스를 하고 있다. 혹여 지인이 "우리 집에서 파티하고 싶은데 요리를 부탁드려도 될까요?"라고 하면 출장요리를 나간다. 초밥과 일식을 만들 수 있었던 것은 아마존을 그만두고 나서 주방에서 배운 지식과 경험 덕분이었다.

부업을 하면 시야가 넓어진다. 지식이나 경험이 지속적으로 늘어가는 것이다. 내 경험으로 말하자면, 경영 컨설턴트로서 경영자나 중간 관리직 사람을 만족시키는 것과 요리사로서 파티를 주최하는 집주인을 만족시키는 것은 상통한다.

한쪽 영역에서 상승한 자신의 경험치를 다른 쪽 영역에서 살릴 수 있다는 사실은 말할 수 없이 즐겁다. 더구나 이 두 가지는 고객을 만족시킨다는 점에서 똑같다.

또한, 내가 만족시키고 싶은 것은 눈앞의 고객이 아니라 고객의 고객이다. 이것은 아마존에서 생각해온 것과 같기에 아마존 시절의 경험이 지금 내 모든 활동의 토대가 돼 있다고 해도 과언이 아니다.

내 이야기는 기업을 그만두고 나서의 하나의 예다. 하지만 기업에 근무하는 직장인이 지금 회사의 업무 이외에 어떤 일을 하고 싶은지 생각해보는 것은 큰 의미가 있다. 왜냐하면 그것은 자신이 꼭 하고 싶은 일, 일생에서 하지 않으면 후회할 일일 가능성이 크기 때문이다.

역시 지금 일이 최고라는 결론이 들 수도 있다. '역시 3년 후에는 내가 회사를 경영해보고 싶다'는 마음이 들지도 모른다. 당신의 마음속에서 우러나오는 대답이야말로 당신이 앞으로 나아가야 할 방향을 가르쳐주는 북극성 같은 것이다.

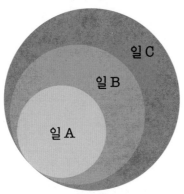

지식·경험

일 C

일 B

일 A

다양한 일을 통해 지식과
경험이 시너지 효과를 낸다.

지금 하는 일에 지장은 주지 말고 자기 마음의
소리를 따라 새로운 일을 시작하자.

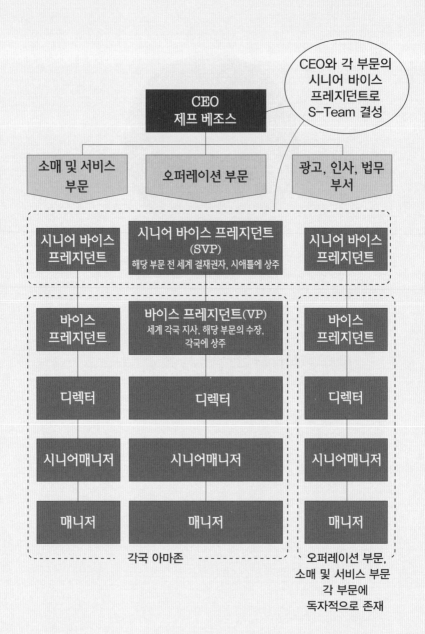

CEO와 각 부문의
시니어 바이스
프레지던트로
S-Team 결성

CEO
제프 베조스

소매 및 서비스
부문

오퍼레이션 부문

광고, 인사, 법무
부서

시니어 바이스
프레지던트

시니어 바이스 프레지던트
(SVP)
해당 부문 전 세계 결재권자, 시애틀에 상주

시니어 바이스
프레지던트

바이스
프레지던트

바이스 프레지던트(VP)
세계 각국 지사, 해당 부문의 수장,
각국에 상주

바이스
프레지던트

디렉터

디렉터

디렉터

시니어매니저

시니어매니저

시니어매니저

매니저

매니저

매니저

각국 아마존

오퍼레이션 부문,
소매 및 서비스 부문
각 부문에
독자적으로 존재

자료1
아마존 조직도

세계 각국의 아마존은 미국 본사를 중심으로 각 부서마다 종적인 조직을 구성하고 있다. 시애틀의 미국 본사가 기본적으로 결재권한을 쥐고 있으며, 일본의 소매부문 웹사이트인 아마존 재팬 사이트의 시스템은 대부분 미국의 엔지니어가 변경하고 있다.

그룹의 우두머리인 CEO 제프 베조스, 그 밑으로 각 부문의 전 세계 결재권자인 시니어 바이스 프레지던트SVP가 있고, 다시 그 밑으로는 세계 각국 지사 해당 부문의 수장인 바이스 프레지던트VP 수십 명으로 구성되어 있다. 그 밑으로 디렉터, 시니어매니저, 매니저 순으로 이어지는 상당히 계급이 적은 조직이다.

오퍼레이션이나 소매 등 각 부문에 전문 인사부와 재무부가 따로 있기 때문에 다른 부문의 영향을 받지 않고도 사람, 돈에 대해 해당 부서와 논의할 수 있다.

아마존 재팬에는 재스퍼 챈(소매 및 서비스 담당)과 내 직속상관이기도 했던 제프 하야시다(창고 및 고객서비스, 공급망 관리 등을 담당)의 두 사람의 사장이 있다. 이들 두 명 일본 사장의 직함은 VP다. 이 두 사람에게도 미국 시애틀에 상사가 있다.

'S-Team'은 CEO의 직속 팀으로 리더십이념인 OLP 등을 작성한다.

인프라를 빌려주는 클라우드 서비스인 아마존웹서비스AWS 등은 아마존 재팬과는 별도의 회사다.

자료 2

아마존이 직원에게 요구하는 것들

리더십이념OLP, Our Leadership Principles은 모든 아마존 직원에게 요구되는 행동
규범으로 14개 항목이다.

---

1. 고객에 대한 강박 Customer Obsession

리더는 고객을 중심으로 생각하고 행동한다. 고객에게 신뢰를 얻고 유지하기 위
해 전력을 다한다. 리더는 경쟁에도 신경 써야겠지만 무엇보다 고객을 중심으로
생각하는 것에 집착한다.

2. 주인의식 Ownership

리더에게는 주인의식이 필요하다. 리더는 장기적인 시야를 가져야 하며 단기적
인 결과 때문에 장기적인 가치를 희생해서는 안 된다. 리더는 자기 팀뿐만 아니
라 회사 전체를 위해 행동한다. 리더는 "그것은 내 일이 아니다"라고 절대 입 밖
에 내지 않는다.

3. 창의적인 사고와 단순화 Invent and Simplify

리더는 팀에게 혁신Innovation과 창의성Invention을 요구하고 동시에 늘 단순한 방법
을 모색한다. 리더는 상황의 변화에 주의를 기울이고, 모든 곳에서 새로운 아이
디어를 찾아낸다. 그것은 자신들이 만들어낸 것을 제한하지 않는다. 우리는 새로
운 아이디어를 실행에 옮길 때, 장기적으로 외부에서 오해받을 가능성이 있다는
사실도 받아들인다.

4. 대부분 올바르다 Are Right, A lot

리더는 많은 경우 올바른 판단을 한다. 뛰어난 판단력과 경험을 바탕으로 한 직
감을 갖추고 있다. 리더는 다양한 사고방식을 추구하고 자기 생각을 반증하는 일
도 마다하지 않는다.

---

5. 배우고 흥미를 가진다 Learn and Be Curious

리더는 늘 배우고 자기 자신을 계속해서 향상시킨다. 새로운 가능성에 호기심을 가지고 탐구한다

6. 최고의 인재를 확보하고 기른다 Hire and Develop the Best

리더는 모든 채용이나 승진에 있어서 평가의 기준을 올린다. 우수한 재능을 지닌 인재를 발굴하고 조직 전체를 위해 적극적으로 활용한다. 리더 자신이 다른 리더를 육성하고, 열심히 코칭한다. 우리는 모든 직원이 더 성장하기 위한 새로운 메커니즘을 만들어낸다.

7. 늘 높은 목표를 지향한다 Insist on the Highest Standards

리더는 늘 높은 수준을 추구하는 것에 집착한다. 많은 사람에게 있어서 이 수준은 너무 높다고 느껴질지도 모른다. 리더는 계속해서 수준을 끌어올리고 팀이 더 고품질의 상품과 서비스, 프로세스를 실현할 수 있도록 추진한다. 리더는 수준미달의 업무는 실행하지 않고 문제가 일어났을 때는 확실하게 해결해서 같은 문제가 다시 일어나지 않도록 개선책을 강구한다.

8. 넓은 시야로 생각한다 Think Big

좁은 시야로 사고하면 큰 결과를 얻을 수 없다. 리더는 대담한 방침과 방향성을 보여줌으로써 성과를 낸다. 리더는 고객을 위해 지금까지와는 다른 시야를 가지고 모든 가능성을 모색한다.

9. 무조건 행동한다 Bias for Action

비즈니스에서는 속도가 생명이다. 많은 의사결정이나 행동은 다시 할 수 있기 때문에 큰 검토를 필요로 하지 않는다. 빠르게 계산한 다음 위험요소를 무릅쓰는 것에 가치가 있다.

10. 근검절약 Frugality

우리는 보다 적은 자원으로 많은 것을 실현해야 한다. 절약정신은 창의력, 자립심, 발명을 낳는 원천이 된다. 직원들의 숫자, 예산, 고정비가 많다고 다 좋은 것은 아니다.

11. 사람들에게 신뢰를 얻는다 Earn Trust

리더는 주의 깊게 귀를 기울이고 솔직하게 이야기하고, 상대방을 존중한다. 설령 마음이 불편하더라도 잘못은 솔직하게 인정하고 자신이나 팀의 잘못을 정당화하지 않는다. 리더는 늘 스스로를 최고수준과 비교하고 평가한다.

12. 더욱 깊이 생각한다 Dive Deep

리더는 늘 모든 업무에 주의를 기울이고 세세한 부분도 파악한다. 자주 현재 상황을 확인하고 지표와 개별적인 사례가 맞지 않을 때는 의문을 던진다. 리더가 상관하지 않아야 할 업무는 없다.

13. 의견을 가지고 토론하고 납득했다면 힘을 쏟는다 Have Backbone; Disagree and Commit

리더는 동의할 수 없는 경우에는 정중하게 이의를 제기해야 한다. 설령 그렇게 하는 것이 귀찮고 노력을 요하는 일일지라도 예외는 없다. 리더는 신념을 가지고 쉽게 포기하지 않는다. 쉽게 타협하고 친해지는 일은 없다. 그러나 정작 결정하면 전면적으로 임한다.

14. 결과를 낸다 Deliver Results

리더는 업무상 중요한 일에 동원이 가능한 모든 생산 요소를 투자해 최고의 성과를 낸다. 설령 곤란한 일이 있어도 대항하고 절대 타협하지 않는다.

아마존의 비즈니스 모델

제프 베조스가 레스토랑에서 투자가와 식사하는 도중 "아마존의 비즈니스 모델을 가르쳐 주지 않겠나?"라는 질문을 받고 냅킨에 그린 하나의 그림을 '버추어스 사이클'이라고 부른다. 중심에 '성장Growth'이라는 요소가 위치하고, 그 주변을 6개의 주된 요소가 둘러싼 듯한 그림이다. 각각의 요소 사이에는 화살표가 그려져 있다. 화살표는 쌍방향이 아니라 일방통행이고, 각각의 요소가 어느 요소에 따라 성장하는지 알 수 있다. 마치 연쇄반응이 고유의 해당 공간에서 차례차례 일어나, 결과적으로 성장을 계속 확대하고 있는 것 같다.

아마존의 경이로운 성장은 이 그림에서 이미 예언돼 있던 것이며, 동시에 앞으로의 성장도 보장돼 있다고 해도 과언이 아닐 정도로 완성도가 높은 비즈니스 모델로 알려져 있다.

나아가 내 원래 상사이자 현재 아마존 재팬의 사장직을 맡은 제프 하야시다는 버추어스 사이클에 '혁신Innovation'이라는 항목을 독자적으로 추가해서 '고객만족도Customer Experience'에 화살표를 향하게 했다. 상사는 '혁신이 구비 상품의 폭과 마찬가지로 앞으로 점점 중요해지겠구나'라는 것을 우리에게 강조하고 싶었던 것이 아닌가 생각한다.

아마존 비즈니스 모델
「비추어스 사이클(Virtuous Cycle)」

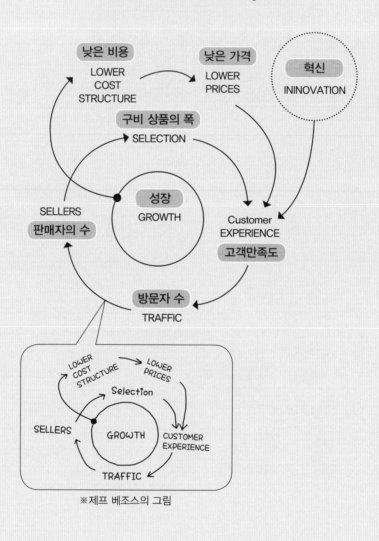

낮은 비용
LOWER
COST
STRUCTURE

낮은 가격
LOWER
PRICES

혁신
ININOVATION

구비 상품의 폭
SELECTION

성장
GROWTH

SELLERS
판매자의 수

Customer
EXPERIENCE
고객만족도

방문자 수
TRAFFIC

LOWER COST STRUCTURE
LOWER PRICES
Selection
GROWTH
SELLERS
CUSTOMER EXPERIENCE
TRAFFIC

※제프 베조스의 그림

자료 4

아마존 재팬 성장기

2000	일본판 아마존 재팬 사이트 개장
2001	홋카이도 삿포로 시에 고객 서비스 센터 개업 재스퍼 챈이 아마존 재팬 대표 사장직에 취임 '아마존 제휴 프로그램' 개시 '음악', 'DVD', '비디오' 매장을 동시 개장 '소프트웨어'와 'TV게임' 매장 개장 대금상환에 의한 결제 개시
2002	'아마존 마켓플레이스' 도입
2003	'전자제품' 매장 개장 '아마존 웹서비스' 개시 '홈&키친' 매장 개장
2004	인터넷 서점 내에 잡지 코너 개장 '장난감&취미' 매장 개장
2005	인터넷 서점에서 '내용 검색'을 개시 새 물류센터 '아마존 이치가와 풀필먼트 센터'가 치바 현 이치가와 시에 개업 '스포츠' 매장 개장
2006	편의점, 현금 인출기, 인터넷 뱅킹 지불 개시 '아마존 인터넷 위탁 판매 서비스' 개시 '헬스&뷰티' 매장 개장 '아마존 쇼핑 카드'를 편의점에서 판매 개시 '빠른 우편' 서비스를 제공
2007	'아마존 포인트' 서비스 개시 '시계' 매장 개장 '스포츠' 점포명을 '스포츠&아웃도어'로 변경 'merchant@amazon.co.jp' 개시 '유아&임부용품' 매장 개장 '아마존 프라임' 개시 새 물류센터 '아마존 야치요 풀필먼트 센터'가 치바 현 야치요 시에 개업 '의류&신발' 매장 개장

2008	'풀필먼트 바이 아마존' 개시 '화장품' 매장 개장 편의점 수령 서비스 개시 '식품&음료' 매장 개장 구두와 가방을 취급하는 사이트 'Javari.jp' 오픈
2009	'귀금속' 매장 개장 '문구&사무용품' 매장 개장 아마존 상품권을 편의점에서 판매 개시 'Javari.jp'에서 '어린이&영유아' 품목 개장 'Javari.jp'에서 디자이너 의류 매장 개장 'DIY&공구' 매장 개장 새 물류센터 '아마존 사카이 풀필먼트 센터'가 오사카 사카이 시에 개업 '당일 배송' 서비스를 제공 개시 '자동차&오토바이용품' 매장 개장 '아마존 플러스트레이션 프리 패키지'을 도입 개시 '아마존 베이직' 제품 제공을 개시 'FBA 멀티 채널' 서비스 개시
2010	'악기' 매장 개장 '아마존 바인 먼저 받기 프로그램' 개시 '아마존 마켓플레이스' 웹서비스 개시 새 물류센터 '아마존 가와고에 풀필먼트 센터'가 사이타마 현 가와고에 시에 개업 '배송날짜&시간지정' 서비스 '저자 페이지' 제공 개시 '아마존 정기 특가 편' 개시 '반려동물용품' 매장 개장 '무료배송' 서비스 개시 새 물류센터 '아마존 다이토 풀필먼트 센터'가 오사카 다이토 시에 개업 DRM 프리 음악전송서비스 '아마존 MP3 다운로드' 개시 니쁜 매장 개장
2011	'PC소프트 다운로드' 매장 개장 새 물류센터 '아마존 사야마 풀필먼트 센터'와 '아마존 가와시마 풀필먼 트 센터' 개업

2012	미야기 현 센다이 시에 고객서비스 센터 개업 본사가 메구로구 시모메구로로 이전 새 물류센터 '아마존 도수 풀필먼트 센터'가 본격 가동 전자서적 서비스 '킨들' 개장 '아마존 클라우드 플레이어' 제공 개시 새 물류센터 '아마존 다지미 풀필먼트 센터'가 기후 현 다지미 시에 개업
2013	새 물류센터 '아마존 오다와라 풀필먼트 센터'가 가나가와 현 오다와라 시에 개업 오사카 지사가 오사카 기타 구 나카노시마에 개업 킨들 오너 라이브러리 개시 영상송신 서비스 '아마존 인스턴트비디오' 개장
2014	법인판매사업자용 융자서비스 '아마존 랜딩'을 개시 'Amazon.co.jp'가 '아마존 FB 재팬'을 설립하고 주류 판매 개시 패션 쇼핑 사이트 'Javari.jp' 종료 'Amazon.co.jp' 상품의 로손 편의점 주문 수령 서비스 개시
2015	윈도우용 전자서적 열람 소프트웨어 'Kindle for PC' 어플리케이션 제공 개시 맥용 전자서적 열람 소프트웨어 'Kindle for Mac' 어플리케이션 제공 개시 어카운트 결제기능 연대 서비스 '아마존 로그인&페이먼트' 개시 '아마존 중고책 회수' 서비스 개시 프라임 비디오 제공 개시 새 물류센터 아마존 '아마존 오타 풀필먼트 센터'가 도쿄 오타 구에 개업 주문에서 1시간 이내 혹은 2시간 이내에 배달하는 '프라임 나우' 개시
2016	통상 배송무료 서비스 종료 '아마존 재팬'과 '아마존 재팬 로지스틱'이 합병하고 주식회사에서 합동 회사로 이행 전자서적의 정액 무제한 이용 서비스 '킨들 언리미티드' 개시 새 물류센터 '아마존 가와사키 풀필먼트 센터'가 가나가와 현 가와사키 시에 개업 새 물류센터 '아마존 니시미야 풀필먼트 센터'가 효고 현 니시미야 시에 개업 '아마존 대쉬 버튼' 서비스 개시

2017	새 물류센터 '아마존 후지이데라 풀필먼트 센터'가 오사카 후지이데라 시에 개업 스타트업을 지원하는 '아마존 런치패드'를 제공 개시 아마존 프라임 회원용 서비스 '프라임 나우'를 약국, 백화점 내 헬스뷰티, 반찬 코너, 전통다과 코너 등의 약 11,000 품목에서 거래 개시 '아마존 프레쉬'가 도쿄 일부 지역에서 서비스 개시 '아마존 에코' 일본에서 발매
2018	아마존 프라임 회원용 새로운 서비스 '프라임 워드롭' 개시 법인 개인사업주용 구매전용 사이트 '아마존 비즈니스'에서 유료회원 서비스 '비즈니스 프라임' 개시 새 물류센터 '아마존 이바라키 풀필먼트 센터' 개업 시나가와 시사이드에 아마존 패션에서 세계 최대 규모 촬영스튜디오 개장

Amazon's
GREATEST
SOLUTIONS

옮긴이 황혜숙

번역이란 단순히 언어를 옮기는 것이 아니라 사고방식과 문화를 전달하는 것이라는 마음가짐으로 작업에 임하고 있다. 건국대학교 일어교육과와 오클랜드대학 언어학 석사 취득 후 현재는 시드니에 거주하고 있다. 번역 에이전시 엔터스코리아에서 출판기획 및 일본어 전문 번역가로 15년째 활동 중이다.
옮긴 책으로 《50부터는 인생관을 바꿔야 산다》《프로가 가르쳐주는 초보를 위한 NLP 입문》《세상 모든 이기주의자에게 우아하게 복수하는 법》《생산성》《한 줄 정리의 힘》 등 다수가 있다.

경영자가 알아야 할
문제해결의 모든것 아마존에서 배워라

초판 1쇄 발행 2020년 8월 29일

지은이   사토 마사유키
펴낸이   정덕식, 김재현
펴낸곳   (주)센시오

출판등록   2009년 10월 14일 제300-2009-126호
주소   서울특별시 마포구 성암로 189, 1711호
전화   02-734-0981
팩스   02-333-0081
전자우편   sensio0981@gmail.com

기획·편집 이미순, 김민정   **외부편집** 이수미
경영지원 김미라   **홍보마케팅** 이종문, 한동우
본문디자인 윤미정   **표지디자인** 유채민

ISBN 979-11-90356-69-5 03320

이 도서의 국립중앙도서관 출판예정도서목록(CIP)은 서지정보유통지원시스템 홈페이지(http://seoji.nl.go.kr)와 국가자료공동목록시스템(http://www.nl.go.kr/kolisnet)에서 이용하실 수 있습니다. (CIP제어번호: CIP2020026535)

잘못된 책은 구입하신 곳에서 바꾸어드립니다.

소중한 원고를 기다립니다. sensio0981@gmail.com